JN298837

# 経営偽装

― 不祥事対策への警鐘を鳴らす20の視座 ―

公認不正検査士
戸村智憲

税務経理協会

# はじめに

　内部統制はこれまで米国を中心に研究が重ねられてきた。その結実として，日本でも日本版ＳＯＸ法（金融商品取引法における内部統制）の対応がなされてきている。

　しかし，これまでの研究成果が，財務報告におけるごく限られた不祥事対策としてのみしか機能していない現実は，果たして，不正対策の権威・先達の集大成といえるほど，現場において機能しているのであろうか。

　既存の内部統制は，むしろ，現場の業務活動の効率性・効果性を低下させ，企業活動の円滑な遂行を妨げ，過剰なリスク対応のために企業収益を圧迫する重荷になっているように思える。また，財務報告に絞られた不祥事対策だけでは不十分で，業務の適正執行やコンプライアンスや資産の保全（ここでは，ヒト・モノ・カネ・情報等の保全とする）において，より広範な対応が必要不可欠である。

　本書では，これまでに論じられ対策が取られてきた従来型の内部統制を見つめ直し，新たな経営環境・経営課題に対し，内部統制が環境適応システムのひとつとして更なる発展を遂げるよう，また，現行の内部統制システムの問題点に警鐘を鳴らすものとなるように試みた。

　全20講を通じ，内部統制・不正対策に関する様々な視座をお持ち頂けるよう，学際的な内容をお届けする。

　本書を通じ，健全に儲け続けるための仕組みとしての内部統制について，読者諸氏の知見を広める一助となれば幸いである。なお，内部統制についての基礎的な内容については，拙著『リスク過敏の内部統制はこう変える！』をご高覧頂ければ幸いである。同書において述べきれなかった内部統制の深淵を，本書において明かしていきたいと考えている。

2010年1月

著　者

# 目　次

はじめに

## 第1講　経営偽装とは ……………………………………………… 1
- 自社の「憲法」たる社是や経営理念の形骸化 ………………… 1
- なぜ不正や不祥事がなくならないのか ………………………… 3
- 内部統制の誤解：J－SOX対応の問題点 ……………………… 5

## 第2講　内部統制は内部自治であるということ ……… 9
- 「統制」の主語は何か，何のための内部統制か ……………… 10
- コーポレート・ガバナンスと内部統制の分裂，そして，「自治権」の濫用 ……………………………………………………… 13
- 「コーポレート・ガバナンス＋内部統制＝内部自治」 ……… 15

## 第3講　監査法人は本当に独立的な「最後の砦」か …… 19
- 大いなる力を持つ者は，公平・中立でなければならない …… 19
- 監査法人の担当者が「突っ込んだ質問」に答えられない …… 20
- 中立的・独立的であるべき監査法人が特定のコンサルティング会社を紹介する ………………………………………………… 23
- 悪なる歴史は繰り返す？ ………………………………………… 25

## 第4講　BSCは内部統制対応型のSRBスコアカードへ進化する ………………………………………… 29
- これまでのBSC（バランス・スコア・カード）は実はアンバランスな「バランス偽装」だった！ ……………………… 29

- KPIの構造改革：SRBスコアカードによるCOSO－ERM志向
  の経営の可視化……………………………………………………31
- 戦略と内部統制の一元管理：第4世代BSC（SRBスコア
  カード）………………………………………………………………34
- SRB（ストラテジー・リスク・バランス）の経営観の欠如……36
- BSC，J－SOX及び内部統制全般，そしてその双方をつなぐ
  ハイブリッド的存在の欠如………………………………………40
- COSO－ERM志向SOX法・内部統制対応型BSC（第4世代
  BSC：SRBスコアカード）の普及啓発活動の必要性…………41

# 第5講 「内部統制産業」の黎明期を生き抜くために……43

- 迷走し続ける監査法人……………………………………………43
- 「コンサルタントをつけないと監査を通さない」という監査
  法人……………………………………………………………………44
- 「IT統制に関して，とりあえず初年度はバツを出す方針です」
  と言う監査法人……………………………………………………46
- 地方企業に二軍・三軍の監査人が回ってきている？…………48
- 筆者はコンサルティング会社や監査法人に恨みでもあるのか？……50

# 第6講 「揺れる監査 踊るベンダー 戸惑う企業
の三重奏」：仏作って魂入れずの内部統制
オーケストラ……………………………………………53

- いきなり内部統制の文書化からはじめた愚行…………………53
- 愚かなコンサルタントの罪………………………………………54
- 内部統制対策でやたらと迷いが多い……………………………57

目 次

## 第7講 「専門家偽装」:「大学教授」という名の「重要な欠陥」……61
- ある学会での会合にて……61
- 内部統制が内部統制によって否定される学術界の異常な常識とは……64
- 拙著『リスク過敏の内部統制はこう変える!』に書いた事……65

## 第8講 「見える化」から「見せる化」へ……67
- 内部統制の「見える化」のワナ……67
- 「見える化」+「説明責任」=「見せる化」へ……68
- 内部統制意識調査の活用シーン……71

## 第9講 「J-SOX偽装」の大流行……73
- J-SOX対象企業・監査法人&コンサルティング会社・金融庁の偽装の嵐……73
- J-SOX対象企業のJ-SOX偽装……73
- 監査法人&コンサルティング会社のJ-SOX偽装……76
- 金融庁のJ-SOX偽装……78
- J-SOX偽装パンデミック時代を生きる……79

## 第10講 内部統制の認知療法・行動療法……81
- 形式・行動から入るものの,根付かない内部統制……81
- 形式的な内部統制教育という形式主義の強化・再生産……83
- J-SOX・内部統制とは,つまるところ,教育問題であるということ……84
- 内部統制の思考停止や過剰なIT投資からの脱却……85

## 第11講　謝れない企業に内部統制なし……………………87
- 失敗・ミスに対して正直に謝れるかどうかが勝負…………87
- 米国で広がりだしたアイムソーリー運動………………………90
- 書類作成や専門用語を覚える前に，頭を下げよう！………93

## 第12講　「それでも地球は回っている」……………………95
- 当たり前のことを当たり前にすることが大切…………………95
- なぜ「優秀さ」が最大のリスクになるのか？…………………96
- それでも地球は回っている………………………………………98

## 第13講　コンプライアンスの「関連痛」：リスクの
　　　　　　対症療法と根本的治療………………………………101
- "足首が痛い＝足首への痛み止め注射"で"本当に"問題は
  解決するのか ……………………………………………………101
- 法律的問題として表出するまでに経たプロセスを診断する
  大切さ ……………………………………………………………103
- 現場に赴き，自社組織の「問診」「触診」「CTスキャン」を
  する …………………………………………………………………104
- パイロットのリスクマネジメントの概念：Cause River
  （原因の川）………………………………………………………106

## 第14講　官公庁・公共性と内部統制………………………109
- 最も必要な内部統制は霞が関で最も欠落している …………109
- 内部統制は我が身にダイレクトに降りかかる問題 …………110
- 公的資金注入や救済合併企業ほど内部統制を充実させよ…111
- 「大人の事情」という免罪符はない……………………………114

目　次

## 第15講 「不況と内部統制」 …………………………117
- 「100年に1度の危機」というありふれた言い訳 …………117
- 不況時こそ，企業の本当の姿が映し出される …………119
- 不況時における最大の競争優位・差別化の源泉は「信頼性」である …………………………………………………121

## 第16講　自壊する組織の自浄作用 ………………125
- 社員による内部通報・内部告発の勇気と，身勝手な企業の蛮勇 ………………………………………………125
- 「経営偽装」以外の何物でもない ……………………127
- 明らかにされるだけ，まだ良い企業の証かもしれない ……130

## 第17講　「クラウド統制」の提言：クラウド・コンピューティングと内部統制 ………133
- J－SOXクラウド・パーク構想 ………………………133
- そもそも，自社内のIT環境がリスクに満ちている現状を鑑みる …………………………………………………136
- IT統制から「クラウド統制」への転換 ………………138

## 第18講　クラウド統制記述書の活用と内部統制の低コストでの監査対応 ………143
- 「クラウド統制記述書」を作成して監査対応する ……143
- クラウドにおけるリスクの評価と対応 …………………145
- クラウド活用におけるメリットも明示する ……………146
- 「シンクライアント＋クラウド」がIT統制の負荷を大幅に軽減する …………………………………………………148

## 第19講　内部統制のプロの視点 ……………………………151
- 日本版SOX法に迷走する企業群：難しいことより当たり前を当たり前に …………………………………………………151
- 「七文字式内部統制」で内部統制の肝を理解する ……………153
- 内部統制うんぬんの「高いレベル」での議論より、「実際に意識して実践できているか」が問題 ………………………155
- 「内部統制リテラシー」を高めることなく偏見として感じてしまう「内部統制は地獄だ」という思い込み ………………156
- 内部統制のPDCAサイクル〜全国の企業におけるJ−SOX・内部統制の課題〜 …………………………………………158
- 内部統制におけるPDCAサイクル〜日本版COSOモデルに沿って……〜 ……………………………………………159
- 内部統制の見せる化 ……………………………………………160

## 第20講　内部統制・内部監査は報われない仕事か ……163
- 「報われる」という「報酬」の基準 ……………………………164
- 現場を巻き込む健全な内部統制・内部監査の「疑う」流儀 ……166
- "疑う"流儀の３つのポイント …………………………………167

おわりに ……………………………………………………………173

著者略歴・連絡先 …………………………………………………175

# 第1講

# 経営偽装とは

## 自社の「憲法」たる社是や経営理念の形骸化

　昨今の偽装問題を引き起こした企業では，多くの場合，会社案内や自社ホームページにおいて，大変清らかな社是や経営理念やミッション（企業の社会的使命）を掲げている。

　例えば，「我が社は最高の製品・サービスをお客様に提供します」といったものや，「法令を守り清く正しい経営をします」といったものなど，様々な美辞麗句が並べたてられることが多い。

　しかし，そういった企業の経営陣や現場の実際のところは，社是や経営理念やミッションはあくまでも会社の壁に掲げられた，立派な額に毛筆で書かれた自社の社会的な体裁を整えるためだけの調度品程度の意味合いにしか受け止められていない。

　社是は書いて字のごとく，自社が是とするものと非とするものを分ける，企業の意思決定を左右する「憲法」のようなものである。経営理念もミッションも，本来，経営活動を行う際に犯してはならないものとして機能するはずのものである。

　しかし，偽装問題や不祥事を起こした企業では，ことごとく社是・経営理念・ミッションが軽んじられ，違法な利益至上主義を追求しているのである。

例えば，建築基準を偽装してあたかも最高の製品（建築物）を施主に提供しているかのように装った施工業者は，建築基準法を犯し，社是・経営理念・ミッションを犯し，顧客を欺いていた。

　また，「高級な飛騨牛」であると装った企業では，法令違反をはじめ，業界の規制や社是・経営理念・ミッションを犯して問題となった。

　こういった企業は，あたかも自社が清廉な社是・経営理念・ミッションを掲げて高潔な経営をしているように見せかけていながら，その実，中身の伴っていないため，社会的に良い企業としての経営を偽装しているのである。

　本書では，このように，法令をはじめ，社是・経営理念・ミッション等に背いて自社の活動を良く見せかけている経営システム（IT面も非IT面も含む）を，「経営偽装」と定義する。

　利益を追求するのは，企業が存続する目的である利潤の追求からみて正しいことであるが，法令は当然のことながら，社是・経営理念・ミッションを守った上で健全な利益追求となっていない点が大きな問題なのである。

　社是・経営理念・ミッションをはじめ，行動規範や内規や各種規程類を，本書ではまとめてミッション・ステートメントと呼ぶが，このミッション・ステートメントを守ることは，法治国家にあって各社が「自治領」として自由な経営活動を行う内部自治的な一種の法体系のようなものである。

　また，ミッション・ステートメントの遵守は，不祥事に足下をすくわれて事業継続を危ぶまれず，「健全に儲け続けるための仕組み」を機能させる内部統制の源となるのだ。

　J−SOX対応（金融商品取引法による財務報告に係る内部統制対応）を契機に，内部統制とは膨大な文書を整備し，部下や現場に規則を事細かに守らせることと誤解している経営陣が多い。

　しかし，J−SOX対応においても，新会社法においても，内部統制は，基本的には法治国家における原則主義として，各社が内部自治的に法令及びミッション・ステートメントに基づいて，健全な経営を志向するために非正規社員を含む全社員が主体的に取り組むべきものである。

それは，法治国家における「自治領」として経営する企業とその従業員に，経済活動の自由を獲得するための唯一の方法なのである。つまり，内部統制は，誰かから押し付けられるものでも仕方なくやらされるべきものでもなく，各企業や，その経営陣や従業員が自由を得るために整える各社での自主的なルールであり，自由を勝ち取るためのプロセスなのである。

経営偽装は，この経済活動の自由を自ら放棄して顧客を裏切り，法治国家における社会秩序を崩壊させるあるまじき行為であると筆者は考えている。

## なぜ不正や不祥事がなくならないのか

よく筆者に対し，内部統制を充実させれば不祥事はゼロになるのか，という質問が寄せられる。内部統制は既に述べたように，法治国家における各社の経営活動の自由と権利を得るために必須の不正・不祥事防止プロセスであるが，決して完璧に不正・不祥事を無くするものではない。

内部統制を充実させることは，各企業が不正や不祥事防止に向けて最大限の善良なる管理者としての注意義務を果たす上で欠かせない。しかし，それをもって，決して不正や不祥事が100％無くなるわけではない。その理由として，筆者は以下に大まかに述べる3点が挙げられると考えている。

① 内部統制そのものの限界

まず，内部自治的に内部統制をどれだけ厳密に整備拡充しても，各企業で「統治権」を有する経営陣の暴走（いわゆるマネジメント・オーバーライド）や，職務分掌における分担された担当者間の共謀などがある場合，形式的に内部統制が整備されていても，その内部統制の運用上の問題は依然として残ることになる。

② 内発的な欲求

不正や不祥事は，無機質なITや物体が勝手に引き起こすのではなく，まぎれもなく人間が引き起こす。それも，人間の心が引き起こすのである。

人間の心には，性欲・出世欲・金銭欲などの個人としての欲がある。

企業が個人の欲をコントロールするために教育や日々の指導を行うとしても，洗脳や思想統制まで行うのは，法治国家における人権尊重の観点から問題である。不正・不祥事撲滅を志向して人権軽視に走ることは，法治国家における大きなリスクであり，個人の内発的で不健全な欲求は，不正不祥事が100％無くならない悩ましい原因の1つである。

③　外発的なプレッシャー

営業部であれば特に顕著であるが，売上ノルマを達成しなければ給料が減ったり左遷させられたりするという，外発的なプレッシャーが従業員個人を不正・不祥事に追いやることがある。経営陣においても，アナリストの予想や投資家や株主からのプレッシャーから，違法に株価を高めたり，売上や利益を操ったりすることもある。

上記3点において，経営陣も従業員も，自社のミッション・ステートメントに沿って健全に経営活動を行わない状態は経営偽装だと言える。

ここで重要なのは，いかに不正・不祥事を無くするためのプロセスを整え健全に運用していくかであり，100％不正・不祥事を無くすることが目的ではないということである。

極論すれば，事業を行うこと自体，必ず何らかのリスクが付きまとうため，不正・不祥事を100％無くすることを志向すれば，事業そのものを行わないことが求められてしまうのである。

ここで重要なのは，経営偽装とならぬ健全な内部統制の整備・運用を行い，いかに重大なリスクと付き合うかである。単なる経営活動の結果だけを見るのではなく，最大限に健全なプロセスを備えて経営活動を行ったかどうかが，不正・不祥事対策において重要なポイントである。

## 内部統制の誤解：J－SOX対応の問題点

　これまで，内部統制というと，学術界では財務会計分野の監査論の中にある特殊論としての位置づけで研究・教育が行われてきた。また，J－SOX対応が上場企業に余儀なくされたことから，多くの方々は，内部統制はあたかも上場企業だけのものという誤解をしている。

　その一方，日本において，大和銀行ニューヨーク支店での不祥事に対する判例から，企業は不祥事対策として内部統制システムを構築・運用しなければならないとされ，また，2006年5月1日施行の会社法においても内部統制が2人以上で構成されるすべての企業に求められている。

　内部統制における更なる誤解は，金融商品取引法（J－SOX法）と，会社法・判例とで要求される内部統制の性質・カバー範囲が異なることに気づかずに引き起こされる。

　次ページに図示する通り，日本版COSOモデルにおける双方のカバー範囲が異なる中，多くの方は，内部統制というと非常に詳細なリスク対応を求められると考えているようである。

　しかし，同じ4文字の「内部統制」と言っても，J－SOXにおける比較的詳細かつ深いリスク対応が求められる内部統制と，会社法・判例における広範なカバー範囲をまんべんなくリスク対応することが求められる内部統制の2つの種別があることを念頭に置いておいて頂きたい。

　つまり，内部統制と一言で述べる際，どちらの法令に準拠している内部統制なのかを，明確に意識して頂きたいのである。

　次頁図では日本版COSOモデルを横倒しにした，筆者オリジナルのモデルである。J－SOX法で求められる内部統制のカバー範囲における点線の右端は財務報告である。

　つまり，財務報告書が作成されるプロセスが正しいことを，財務報告作成プロセス全体からみて妥当であると立証する必要がある。

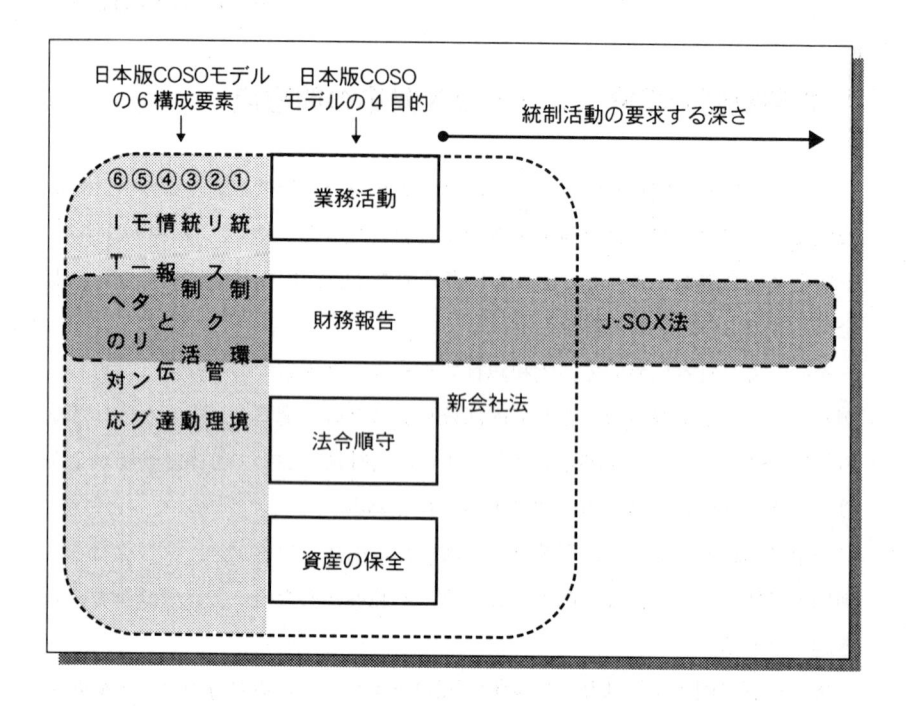

```
         日本版COSOモデル  日本版COSO
           の6構成要素    モデルの4目的      統制活動の要求する深さ
                  ↓         ↓        ←――――――――――――――→
              ⑥⑤④③②①
              Ｉモ情統リ統      ┌──────┐
              Ｔニ報制ス制       │業務活動│
              ヘタ  と ク        └──────┘
              のリ活ク管
              対ン伝活管環      ┌──────┐          ┌──────────┐
              応グ達動理境      │財務報告│          │  J-SOX法   │
                              └──────┘          └──────────┘
                                        新会社法
                              ┌──────┐
                              │法令順守│
                              └──────┘

                              ┌──────┐
                              │資産の保全│
                              └──────┘
```

　それゆえ，文書化3点セット（業務フロー・業務記述書・RCM（リスク・コントロール・マトリクス：財務報告作成過程におけるリスクとそのコントロールの一覧対照表）をもって，各企業が財務報告の正しさを立証していくことになる。

　一方で，会社法における内部統制は，内部統制の4つの目的におけるそれぞれ内部統制の6つの要素を備えて，広く浅くリスク対応が求められているのである。

　したがって，会社法に準ずる内部統制においては，文書化3点セットのような重厚で高負荷の対応は不要である。

　ここで，多くの上場企業とそのグループ会社や関連会社が陥っている問題として，J－SOX法における内部統制対応はできているものの，会社法における内部統制対応が手つかずで放置されているという問題がある。

　いかにも大変なJ－SOX法における内部統制対応をしたから，内部統制に関して自社は万全であると誤解している企業が多いのである。いうまでもなく，

会社法における内部統制対応がなおざりなままでは，必ずしも，内部統制対応が十分とはいえないことは自明である。

　今後，上場・未上場の別や企業規模に関わらず，多くの日本にある企業が，会社法に基づくより広範な内部統制を低コストで効率的に拡充していく必要がある。

　この問題について，筆者は，日本初で内部統制意識調査（質問書型のCSA（コントロール・セルフ・アセスメント））を用いた内部統制対応手法を提示している。実際に，上場大手企業から未上場企業まで，既に活用頂いている。単に建設的な批判のみならず，代案を提示する必要性があることから，実際に新たな内部統制対応策を開発・監修している（代案となる手法については，筆者の開発した「内部統制＆リスクマネジメント健診」という質問書型のCSA（コントロール・セルフ・アセスメント：統制行為の自己評価手法））による，内部統制意識調査がある）。

## 第2講
# 内部統制は内部自治であるということ

　会社法，及び，金融商品取引法（財務報告における内部統制要求），並びに判例・各種法令において，上場最大手企業から一般事業会社や病院・非営利機関・官公庁等に至るまで，内部統制は幅広く求められている。

　筆者は常々，不正・不祥事に足下をすくわれて経営・運営が行き詰まることなく発展していけるようにする「健全に儲け続けるための仕組み」，あるいは，公的機関や福祉介護施設・病院等では，「健全に収益確保して社会的意義ある活動をし続けるための仕組み」が必要であると述べてきた。

　しかし，内部統制は往々にして，内部統制を実行する者としての「主語」が誤解され，とかく「やらされ感」が蔓延し，誰のための何のために行うものなのかが曖昧になっている。

　また，経営陣にとっては，「不正・不祥事を起こすな」という掛け声倒れに終わっている。より重要な，どうすれば不正・不祥事を起こさないで健全な経営・運営ができるかという，内部統制の本質的な議論や意思決定を部下に丸投げしているのである。

　その一方で，コーポレート・ガバナンスで問われる株主対策には躍起になるという，「外面の良さ」を気にかける傾向がある。これも，「我が社はリスク管理体制を整備・運用している」といいつつ，その実が伴っていない経営偽装そのものである。

　そこで，内部統制のマクロ的な意味や，コーポレート・ガバナンスと内部統

制とが，経営陣をハブとして連携すべき点についての解説及び提言を行う。

# 「統制」の主語は何か，何のための内部統制か

　法治国家の日本において，企業やメディアや各種民間組織は，政府の「植民地」ではない。その一方，企業やメディアや各種民間組織が，立法府・行政府により制定・整備・運用される法令を無視して良いわけではない。

　現在の内部統制研究は，その発祥を米国の企業不祥事に関する対策研究に発するが，かなり限定的な意味合いでしか展開されていない。

　日本における内部統制は，企業やメディアや各種民間団体が，政府による統制や干渉を受けず，かつ，組織の自浄作用を高めて自立的かつ自律的に存在し続けるために必要なものであるということを，企業活動における重要な出発点としてほとんど述べられていないのである。

　ここで，メディアを例にとっての内部統制を考えてみよう。内部統制の「統制」の主体，つまり，統制行為を行う主語が政府であった場合，日本におけるメディアは独裁国家のメディアとしての在り方と変わらないものとなってしまう。

　つまり，「政府が」(統制の主語)メディアを統制することになり，政府にとって都合の悪い情報は削除・検閲されることになり得る。国民は，世の中の正しく，かつ，多様な情報を中立的な観点からの情報提供を受けられなくなってしまうのである。

　筆者が内部統制について述べておくべきであると考える点は，「内部統制とは，法治国家にあって，各企業やメディアや各種民間組織が，政府の統制がなくとも法令に沿って"自主的に・自立的に・自律的に"健全な経営・運営ができることを証明し，政府による無用の干渉・統制を強いられるような"植民地化"を避けるための，それら組織が果たすべき義務である」ということである。あくまでも，内部統制の主語は，自社・自組織である。

## 第2講　内部統制は内部自治であるということ

　内部統制という義務を果たして初めて，自由な経営・運営が可能となるのである。先の例でいえば，メディアの報道の自由や言論の自由は，法治国家における義務を果たした上で成り立つものであるということだ。

　逆に，メディア側での，自主的で自治としての内部統制という義務を果たさず，放送禁止用語を連発したり，憲法違反となるような人権侵害行為について放送を通じて行ったりするようであれば，国民の多数意見，あるいは，総意として，政府がメディアを縛りつけることを許容してしまうであろう。

　国民の代表者としての国会議員が集まる立法府において，国民全体にとって，より良い社会を築ける法令を共に守りあうものとして定め（時に改め），行政府によって，その法令を整備・運用していくことになる。

　国民主権において定められた法令や社会規範を守るのは当たり前のことである。しかし，見せかけだけ立派な内部統制対策をとっているかのような経営が，経営偽装として横行しているのは残念である。

　それら法令や社会規範に反する不正・不祥事が無いように経営・運営するための内部統制を，各企業・メディア・各種民間組織等が整備・構築・運用することによって，各企業・メディア・各種民間組織が自治的に「経営主権」（経営の自由裁量：ジャッジメント・ルール）をもって社会に存在することが許されるのである。

　内部統制は面倒である，内部統制など無用である，という意見や感想が筆者に寄せられることもある。しかし，そういったことは，法治国家における自治的経営・運営や自由を手放す暴論である。

　あるいは，義務を果たして初めて自由な経営を行う権利が得られることを理解せず，社会において自社・自組織における内部統制の義務を果たさないでいながら，自由気ままで国民主権によって定められた法令を無視した経営・運営をしたいというわがままとも受け取れる。

　かなり思い切った言い方をすれば，自社・自組織において内部統制を軽視，あるいは，無視する経営を進めることは，社会秩序を崩壊させるテロリズム的な経営・運営をしているという，法治国家における国民主権の侵害者としての

暴挙であるとさえ考え得る。

　民間における内部統制を行う者としての主語は，あくまでも，各企業やメディアや各種民間組織等であり，外部から統制を及ぼす政府ではない。

　それらの組織の多くで，経営陣が内部統制のマクロ的な意味を理解せず，内部統制の意思決定を部下に丸投げしているのは，国家に例えれば，大統領が独立国家として存在し続けるか，それとも，どこかの国の属国になるかについての重大な意思決定を，部下に丸投げしているような愚行である。

　内部統制はあくまでも各企業・メディア・民間組織が自治として行うものであり，自社・自組織が「自治領」として経営の自由裁量の下に，必要外に干渉・統制されないための自衛策としての意味合いも持っているものでもある。

　また，内部統制への真摯な取組みは，国家の品格ならぬ，企業・メディア・各種民間組織の品格・品位のようなものでもある。

　TBSは報道・テレビ会社としての経営において数々の失態を犯し，不正・不祥事を防ぐ体制としての内部統制の問題が問われているのだが，それは同時に，TBSのメディアとしての品格・品位を問われていることでもあるのだ。

　また，J－SOX（金融商品取引法による内部統制）対策において，ごく限定的な財務報告に関する内部統制という自治的な取組みとして，企業経営・組織運営のディスクロージャーが行われている。

　しかし，それが現状において，これまでの内部統制研究の最大の成果であるとするならば，まだまだ内部統制に関する研究には改善の余地があると筆者は考えている。

　既存のJ－SOX対応では，金融庁の示す内部統制報告書のひな型を多少手直しした程度のものでしかなく，株主・投資家たる内部統制の企業外の主権者に対して，十分な説明責任を果たせていないものと筆者は考えている。

　今後の内部統制研究においては，学際的な研究と併せ，ミクロ経済学とマクロ経済学があるように，「ミクロ内部統制学」と「マクロ内部統制学」なるものが研究される必要性を感じている。

## コーポレート・ガバナンスと内部統制の分裂,そして,「自治権」の濫用

　筆者は,全国各社のJ－SOX対策指導や新会社法における広範な内部統制対策にあたってきており,大手企業役員の集う内部統制研究会にも有識者として参画している。

　そういった全国的な活動を通じて,筆者が非常に危機感を抱いている以下のようなことがある。

　経営陣にとって,場合によっては,自らの進退を決められかねず訴訟を受けかねない株主・投資家対策としてのコーポレート・ガバナンスには興味津津であるにも関わらず,内部統制については,部下にやらせるものにしか過ぎないものとして,コーポレート・ガバナンスほどには興味を示していないしそれを十分に理解していないことである。

　つまり,企業内において,コーポレート・ガバナンスという企業統治における「統治権」の行使と,内部統制という企業の法治国家内における「自治権」の行使において,その両者の連携における断裂・亀裂が生じているのである。

　多少,乱暴かもしれないが,次ページにコーポレート・ガバナンスと内部統制について経営陣が抱きがちなイメージ図について示してみた。

　また,同時に,本来両者のあるべき姿として,経営陣がハブとなり,それら両者の連携をとる形態についてのイメージ図も示しておいた。

　残念なことに,経営陣自身としては,「自治国家」ならぬ「自治企業」内で定められ,守るべき「健全に儲け続けるための仕組み」である内部統制に自ら従うこと,また,監査役によって,内部統制に沿った経営活動を経営陣が行っているかをモニタリングされ指導・提言・是正されることを嫌う傾向にある。

　政府からの干渉や統治を避け,「自治企業」としての権限を持ちたい経営陣自身が,内部統制に無関心であったり,理解が低かったり,理解していても自ら率先垂範しなかったりするのは,「自治企業」内における経営陣による集団独裁体制を敷いているようなものであり遺憾である。

**内部自治，内部統制，コーポレート・ガバナンスの関係**

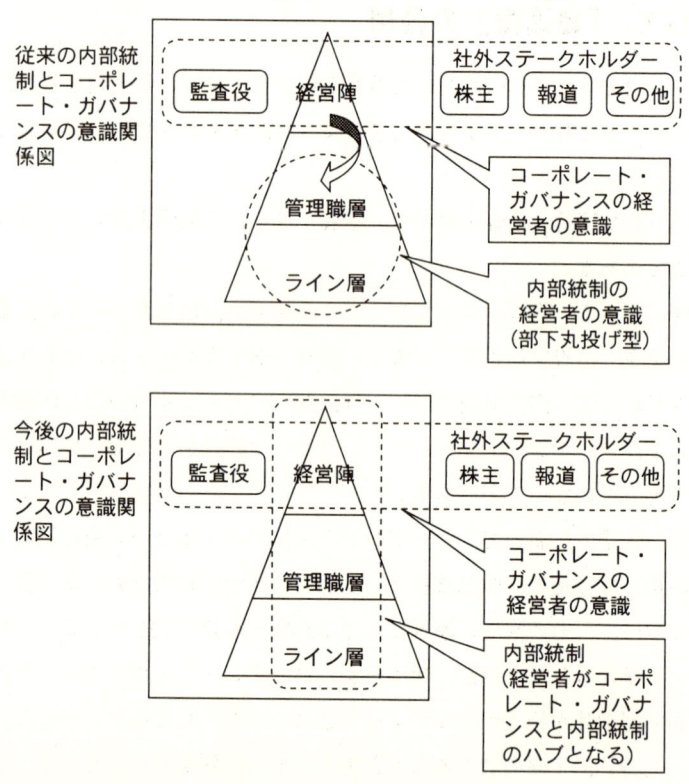

従来の内部統制とコーポレート・ガバナンスの意識関係図

社内／社外
- 監査役／経営陣／管理職層／ライン層
- 社外ステークホルダー：株主／報道／その他
- コーポレート・ガバナンスの経営者の意識
- 内部統制の経営者の意識（部下丸投げ型）

今後の内部統制とコーポレート・ガバナンスの意識関係図

- 監査役／経営陣／管理職層／ライン層
- 社外ステークホルダー：株主／報道／その他
- コーポレート・ガバナンスの経営者の意識
- 内部統制（経営者がコーポレート・ガバナンスと内部統制のハブとなる）

　その一方，経営陣が「統治権」を振りかざすコーポレート・ガバナンスでは，「自治企業」内に属する「国民」たる従業員の関心や意向に関わらず，経営陣自身にとって有利な「統治権」の行使の仕方や，株主・投資家や外部ステークホルダーから訴えられない「抜け道」となるような法的知識を学ぼうとする意欲は旺盛である。

　ある会合で，中谷巌氏と話す機会があった。彼に内部統制について意見を求めた時，彼は，「ああ，何か内部監査とかその辺の話ですね。私はコーポレート・ガバナンスに興味があるので，その辺はなんか細かいことに興味のある人がやってるみたいですねぇ……」と話していた。

第 2 講　内部統制は内部自治であるということ

　コーポレート・ガバナンスを論じる場で，内部統制が主テーマとして議論になっていない現状は，企業統治権の濫用を許容し続ける自治企業（これも経営偽装である）をはびこらせるように思えてならない。

　多くの経営陣は，企業としての「自治権」や経営陣としての「統治権」を渇望している割に，それらの「自治権」や「統治権」を得るための義務としての内部統制対策には，依然としてなおざりな経営姿勢を示し続ける者が目立つ。

　従業員が起こす不正・不祥事よりも，経営陣の起こす不正・不祥事の方が，社会により大きなダメージを負わせるのであるが，経営陣にとっては，部下に丸投げした内部統制によって，部下のみを縛りつける経営をしたがっているように見受けられる。

## 「コーポレート・ガバナンス＋内部統制＝内部自治」

　筆者は，「コーポレート・ガバナンス＋内部統制＝内部自治」として，拡張された「内部自治」という概念を改めて独自提唱している。

　以前より，Internal Governance として，内部自治的なことが語られてきたが，その議論は，内部統制についての熱心な検討・学際的研究・実践が欠けがちであった。

　経営陣の多くが，「不正・不祥事を起こすなよ」と部下に掛け声だけかけて，内部統制の自治的な対策検討や意思決定を部下に丸投げしているのが，一部の優良企業を除く大多数の企業実態である。経営陣においては，内部統制の当事者意識の欠如が甚だしい。

　「自治企業」における「統治権」を行使する者として，経営陣こそが，最も厳格な内部統制上のチェックを受け，責任を負っていなければ，経営者の自由裁量たる「ジャッジメント・ルール」を盾に，自由気ままな経営姿勢を突き通すのは法治国家においては異常なのである。

　今後は，コーポレート・ガバナンスと内部統制を，それぞれバラバラな単体

だけとして研究・議論するだけでなく，それら両者の統合体として「内部自治」を学際的に論じなければならない。

労働法においては，管理職は経営者と一体としての存在と定義される。しかし，企業の実態は，名ばかり管理職と呼ばれるような「違法なコスト削減ツール」としての管理職，あるいは，都合良く管理職という呼称を用いているだけである。

また，労働法において，管理職が経営者と一体と言っても，経営者と一体たる部分・機関を身体に例えれば，頭脳を持たぬ手足としての一体性を述べているに過ぎない実態がある。

つまり，経営者と一体たる管理職が，経営陣に意見を述べる際，頭脳を持ち，否と言うべきことに否と述べると，経営陣はとたんに機嫌が悪くなるか，全く取り合わないか，場合によっては具申・進言した管理職を左遷することさえある。

内部統制においては，否というべきことは否と言い，それでも経営陣が経営を改めなければ，場合によっては，内部通報や内部告発する者が，然るべき善良なる従業員である。

しかし，そういったことは，多くの経営陣にとって「異分子」や「目障りな社員」として抹殺したいことであるようだ。

その一方，経営陣は「統治権」を，経営者の裁量としての「ジャッジメント・ルール」を盾にして操っていることは非常に遺憾である。

コーポレート・ガバナンスと内部統制と労働法を併せて考えた際，労働法における管理職の定義が持つ経営の実態としての意味合いは，「管理職は経営者にとって都合の良い解釈でのみ経営者と一体の存在である」ということになってしまう。

また，「自治国家」ならぬ「自治企業」における「国民」たる従業員は，派遣切りや内定取り消しやリストラと言う名の，経営陣による「大量殺戮」のような行為が，平然と経営陣の放漫経営（収益活動及び内部統制等の手抜かり）の結果によって行われている。

第2講　内部統制は内部自治であるということ

　それだけにとどまらず，中には，社員が育児休暇を申し出たり，産後の職場復帰を申し出たり，介護休暇を申し出たりした従業員に退職の強要を行う企業がある。

　こういったことは，内部統制上では許されないことである。しかし，コーポレート・ガバナンス上では，多くの企業が，微々たる現場の問題やコスト削減策という数字上の問題として，経営陣の対処する問題から除外されたり無視されたり軽視されたりしているような雰囲気すら感じられる。

　多様性を許容しない経営では，企業の社会における「自治権」が，暴君によって濫用されてしまうことになる。その点で，内部自治の概念においては，ダイバーシティやワークライフバランスといった問題も，統合的に議論・研究・実践していく必要があると筆者は考えており，既に，各専門家との議論や，独自研究を進めている。

　実務的にも，筆者は，労働法関連の課題解決や，ワークライフバランスの推進において，経営陣をはじめとして，従業員や労働組合などにも，内部自治の観点から指導してきている。

　やっと，日本の企業において，内部統制という4文字の言葉自体が浸透し始めてきたが，今後の内部統制の浸透と発展においては，内部自治の観点から，より一層の研究が進められなければならない。本講の提言がその第一歩になれば幸いである。

## 第3講

# 監査法人は本当に独立的な「最後の砦」か

## 大いなる力を持つ者は，公平・中立でなければならない

　本講では監査法人の経営偽装を問う。なお，筆者に実態を明かしてくれた企業側の方々や監査法人側の良識ある方々の身を守るため，具体名を伏せさせて頂く。

　ある企業の関係者がこう話してくれた。「監査法人との協議をして内部統制構築の方針確認・協議をしようとした初回の打ち合わせの際に，監査法人の担当監査人といっしょに，アドバイザリー契約を勧めに同じ監査法人の営業担当者がついてきた。そこでは，内部統制の話をする事ができず，監査法人からの営業トークに終始して内部統制に関する協議をする事ができなかった。」

　常々，筆者が疑問に思っているのは，内部統制のアドバイザリーにあたる人間と内部統制の監査にあたる人間が別だと言っても，同じ監査法人が内部統制の構築を行い，それを監査するというのは，監査法人としての独立性を損なうものではないかということである。

　しかも，企業側は内部統制に係る監査において，企業側は金融庁の指針が示すように，各期の早い時期に監査に係る協議を行いたいのだが，そこにアドバイザリー契約の営業担当者が同席して営業トークに終始するのはいかがなものかと思うのである。

あたかも,「うちの監査法人のアドバイザリー契約を締結しないと, 日本版SOX法の監査に通さないよ」とでも暗黙的にプレッシャーをかけているのではないかとさえ邪推してしまう。

決して, アドバイザリー契約の価格は安いものではないのだが, 企業側としては,「おたくの監査法人のアドバイザリー契約を締結しているから日本版SOX法の監査に通してね」とでも言えそうな,「高い保険」を掛けなければならないかのような心理的状況に追い込まれているのが実態といっても過言ではないのではないだろうか。

また, アドバイザリー契約を結ばなければ, ごく簡単な方針確認程度の協議すら提供しないような監査法人(全ての監査人がそうではないが……)について, その姿勢に疑問を抱いてしまう。

筆者から見ると, 何かと理由をつけては,「御社担当の監査人は多忙で時間が取れない」と内部統制の協議を繰り返し拒否するのも監査サービス提供者としての監査法人の良心が疑われる。

その企業は, 結局, 他のコンサルティング会社が良心的な価格でサポートするという申し出があったにも関わらず,「アドバイザリー契約を結ばない事で監査法人の心証を悪くしたくない」という思いから,「高い保険」を掛ける事にしたのである。

いってみれば, その企業は, 監査法人の暗黙的な「脅し」とでもいえそうなものに屈してしまった「被害者」となったといっても良い。

## 監査法人の担当者が「突っ込んだ質問」に答えられない……

その企業は, 不要な「安全策」として監査法人のアドバイザリー契約を受け入れたのであるが, アドバイザリー・サービスにおいて適格な助言があったなら, それほどの問題とは認識しなかったはずである。

しかし, 監査法人を信頼してアドバイザリー契約を締結したその企業の大き

## 第3講 監査法人は本当に独立的な「最後の砦」か

な誤算が，内部統制構築・運用の実務的障壁として立ちふさがった。

　総論として，ある程度は何となく監査法人のアドバイザリー・スタッフからJ－SOX対応の仕方について伺い知る事ができた。

　しかし，いざ内部統制対応の各論に話が進むと，企業の内部統制担当者の不満が爆発した。いや，正確には，監査法人に対して不満を爆発させるのは，監査を受ける際に不利になりかねないとの強迫観念的で悲惨な状況下で，不満という爆弾が企業内における「地下核実験」のごとく表面化させない形で暴発したと言うのが正確である。

　様々な内部統制の充実に向けた施策を検討する過程で，アドバイザリー・スタッフに助言を求めても，はっきりとした答えが返ってこないばかりか，むしろ，専門用語で煙に巻くかのような「逃げ」の回答しか出してこなかったのである。

　結局，その企業の担当者が実感として抱いた感想は，アドバイザリー・スタッフの言う事は，実務指針を繰り返して述べるだけだったとのことである。

　本来は十分に各企業の事業特性を検討した上で，各社の実態と身の丈に合った判断・助言をすべきであるが，そういった一歩踏み込んだ助言は一切得られなかったのである。

　その企業が内部統制の監査を行う監査人と協議しようにも，「多忙で協議の時間が取れない」の一点張りで，まともに密な協議・コミュニケーションが行えないというものであった。

　もちろん，その企業がアドバイザリー・スタッフに質問した時点では，確たる監査法人側の基準ができていなかった，という事が背景にあるかもしれない。しかし，もしそうならば，はじめからその企業に対して，その企業の事業特性を勘案するべき内部統制のアドバイザリー・サービスの契約を，できもしないのに勧めるべきではなかったのではないか。これを監査法人における経営偽装といわずして何なのか。

　こういった状況で，その企業が，アドバイザリー・サービスは監査法人のスタッフ育成のために行われ，企業側がモルモットとして使い捨てられたという

感にさいなまれたのも無理はない。また、アドバイザリー・サービスが、監査法人による「詐欺」なのではないかという感覚に襲われたのも無理はない。

　筆者としても大手監査法人の代表社員の方に内部統制監査を指導してきたが、特に地方に派遣される監査人や中堅中小監査法人などで、レベルの低い監査人が多く見受けられた。その企業の実感は、現在の監査法人の内部統制対応力を浮き彫りにしているようにも思える。

　ちなみに、筆者は監査法人がアドバイザリー契約を一切行うべきでない、といっているわけではない。もし、監査法人が企業の詳細に渡る内部統制構築の各論に必然的に関わるアドバイザリー契約を勧めるならば、次のようにするべきだ。

　まず、監査法人が一歩踏み込んだ判断・助言を行える状況にあるべきであり、会議室だけの議論でやっつけ仕事をするのではなく、現場に赴き、経営実態を把握すべきである。

　また、もし、監査法人がアドバイザリー契約で売上を上げたいならば、A監査法人のアドバイザリー契約はB監査法人が行い、B監査法人のアドバイザリー契約はC監査法人が行うクロス監査をして、独立性・公平性・中立性を監査法人全体の統一されたレベルで保つべきである。

　そのような動きがない限り、監査業界の最低限の内部統制監査に係る受容レベルが築き上げられない。

　ある監査法人は、内部統制の監査人がペアで来訪しているが、そのペアとなった2人の監査人においても意見がコロコロ変わる、という事で対応に困っている企業もある。

　「前にペアの片方の監査人からOKが出ていたのに、もう片方の監査人がダメだと言ったり、その逆であったりして、監査法人を信頼できなくなった」という企業の話を聞くにあたり、監査法人が公認会計士の個人商店が寄り集まった「烏合の衆」になっていなければ良いのだが……と、心配してしまうのは筆者の杞憂であろうか。

## 中立的・独立的であるべき監査法人が
## 特定のコンサルティング会社を紹介する

　随分前の話だが，住専問題である銀行がある金融機関を紹介した事によって，紹介した銀行側にも法的・道義的問題がある，といった話が展開されていた事を，筆者は今の監査法人を見ていると，ふと，思い出してしまう。

　もちろん，住専の問題と日本版SOX法の監査の問題を同一と断言しているわけではない。しかし，監査法人がある特定のコンサルティング会社を紹介するのが本当に良い事なのだろうか。

　そのように述べているのは，次のようなケースを目の当たりにしてきたからである。1つ目のケースは，非常に危険性のある日本版SOX法コンサルティング会社A社のセールストークである。

　2つ目は，日本版SOX法コンサルティング会社をほとんど決めかけていた企業に，ある日突然，監査法人がなぜかある特定の日本版SOX法コンサルティング会社を直々に紹介し，「監査法人とのやり取りを考えると監査法人から直々に紹介されたコンサルティング会社に決めるしかない」と，社内の反対を押し切って上司が独断で決定させられるようになってしまったB社のケースである。

　1つ目のケースA社では，公認会計士がセールスに回り，そのセールストークとして，「うちの会社（A社）で決めてもらえれば，監査法人を絶対に丸め込む」と言うだけでなく，あたかも「監査法人と内通している」かのようなニュアンスの言葉を巧みに操っていた。

　そして，決して安くない価格で，内部統制構築の作業を「うちの会社（A社）に丸投げしてくれれば，魔法の杖のように勝手に汗水たらさずに御社の内部統制をがっちり固めますよ」といったセールストークを自慢げに繰り広げていた。

　筆者としては，そもそも，内部統制の内部統制たるゆえんは，企業内部の人々が外部のコンサルティング企業に内部統制対応を丸投げするのではなく，あくまでも，内部統制を自主的に構築・運用するからこそ内部統制なのであると述べている。

内部統制対応を外部に丸投げして形式や書類だけを整えても，それはいってみれば「外部統制」(外部の人が内部統制を構築して，十分な理解無くとりあえず形に沿って企業内部の人が動かされる状態：筆者による造語）でしかない。
　これも経営偽装であり，あたかもＪ－ＳＯＸ対応をつつがなく内部統制の本質に沿って行えたと誇示するＪ－ＳＯＸ偽装であると，筆者は早期から警鐘を鳴らしてきた。
　その「外部統制」に頼っている限り，自社においてＳＯＸ法対応ノウハウがたまらず，延々と外部頼みで高い運用コストを払い続けることになる。そのような「外部統制」で安直な対応を行い他者依存から脱却できない「内部統制」は悲劇以外のなにものでもない。
　こうなったとするならば，自社が事業特性を勘案してリスク対応を勘案する対応ができず，「内部統制における思考停止」が生じてしまうため，筆者はそのような企業に対して非常に危機感を持っている。
　２つ目のケースは，社内の内部統制プロジェクトチームが全体で議論していた企業のケースである。いくつかの候補コンサルティング会社の中から，自社の規模や内部統制の方針からしてＢ社が最適であると，社内で内部自治的な合意の下でほぼ依頼先を決定しかけた頃，その情報を聞きつけた監査法人が，急にある特定のコンサルティング会社のＣ社を紹介してきたのである。
　しかも，Ｃ社がアプローチしたのは，内部統制プロジェクトチーム全体への討議の場というよりも，内部統制プロジェクトチーム内で監査法人との協議を担当するある特定の人物である。
　ある強い働きかけを行い，「うち（Ｃ社）に任せてくれれば，文書化から何から全てやります」というスタンスであった。元々，内部統制プロジェクトチームのコンセンサスとしては，自社対応をメインとして，足りないところを助言・指導してもらうというＢ社のアプローチだった。
　それが，急転直下，監査法人との協議担当者（上司）が，Ｃ社の「セールストーク」を聞き，独断でＣ社に決定してしまったのである。
　その理由は，「Ｃ社でないと，監査法人との協議に影響が出る恐れが高いか

ら」との事であった。果たして，ある監査法人に紹介されたある特定のC社が,何をどう強く働き掛けたのかについては，司法判断を待つべきかもしれないため，現時点で筆者はここで一切言及しない。

ただ，あくまでも筆者の邪推として述べると次のようなことである。監査法人との協議担当者が自らの保身に走ったという企業側の思惑があったかもしれないが，監査法人がある特定のC社からリベートをもらう，というような事や，ある特定のC社を紹介した監査法人が，C社を通さないと監査意見に手を加えると言うようなプレッシャーをかけたような事が正しいのかと言うような事は，あくまでも筆者の邪推であったとしても，監査業界の闇を照らす必要があると感じさせられるケースであった。

## 悪なる歴史は繰り返す？

かつて，日本の4大監査法人と呼ばれたある監査法人は，ある企業と財務諸表監査において結託して悪事を働いたという歴史がある。このことは，テレビでも「監査法人」というタイトルでドラマ化されて周知のことである。

米国でも言われていた事だが，監査法人が引き起こした不祥事のためにJ－SOXができたようなものなのに，そのJ－SOXを利用して監査法人が儲けているのは「焼け太り」である。

実際，筆者のJ－SOXコンサルティングにおけるクライアント先企業では，現3大監査法人の内のある監査法人が，契約更新にあたって，財務諸表監査の便乗値上げをしてきた。

その額も半端ではなかったため，急きょ，筆者は同業他社及び他の監査法人に価格の妥当性について意見交換してみた。すると，案の定，「そのぐらいの高価格という事は，内部統制アドバイザリー・サービス込みの値段ですよね？」との質問が寄せられた。

もちろん，その高価格の監査費用には，内部統制監査やアドバイザリー業務

に係るサービス又は監査費用が一切含まれていなかった。良識ある方々は，その企業にふっかけられた監査費用の便乗値上げを，概して「ぼったくり」ではないかとの意見を寄せてくれた。結局，筆者がその企業に筆者の私見と同業他社・他監査法人の相場をお伝えし，監査法人の変更を進言し，良からぬ監査法人を「更迭」することにした。

歴史が繰り返されるとするならば，財務諸表監査における結託があったように，内部統制監査における結託が引き起こされる可能性は否定できない状況にある。筆者が問題ある現場を現行犯的に押さえたわけではないが……。

しかし，現に，良識ある方々からは，「柔軟な監査対応」と言う名の硬直化したなれあい体制ができているとの旨を伺い知ることができている。

かつての監査法人の不祥事と，内部統制監査における問題においては，一体，何が違うのだろうか。筆者は，恐らく，内部統制監査における結託や不祥事は，「過去に学ぶ」という事において「よからぬ学び方」をして，より巧妙に姿を変えて歴史が繰り返されるかもしれない，という事がこれまでの監査法人による不祥事との違いであると考えている。

筆者は何も悲観論者でも，皮肉屋でもない。むしろ，筆者の研修や指導においては，「明るい内部統制」と「明るい内部監査」の普及・発展を訴えかけて指導している。

現に，指導先クライアントやセミナー参加者などからは，「内部統制という一見して堅い内容かと思って参加しましたが，先生のご講演は楽しくわかりやすかったのでほっとしました」とのありがたい感想を拝聴している。

元来，筆者は明るい性格である。しかしながら，J－SOXをとりまく現状を愚直に直視した時，決して楽観できるようなものではなく厳しい状況であるという事は認めざるを得ない。筆者は，「明るい性格」という懐中電灯を持って，監査業界の暗闇を照らす役割を担う必要があると考えているのである。

それでも，その暗闇の中にも，良心的な監査人やコンサルティング会社もあり，心が救われる思いがする。それと同時に，筆者は，自ら内部統制を指導するにあたり，背筋を正す凛とした思いを抱かせてくれる同志がいることに希望

を見出している。

　読者諸氏が，内部統制について，どれだけ本質を見抜く眼を持ち，どのように「内部統制の意思決定」を行うのかについては，筆者として楽観的でありたいと思うのである。

## 第4講

# ＢＳＣは内部統制対応型の ＳＲＢスコアカードへ進化する

## これまでのＢＳＣ（バランス・スコア・カード）は実はアンバランスな「バランス偽装」だった！

　俗に，第３世代ＢＳＣと呼ばれる，戦略マップを備えた2000年頃に登場したＢＳＣは，戦略を体系的に一覧できる点で非常にセンセーショナルであった。

　しばらくは，多くのＢＳＣを導入している日本企業において，この第３世代ＢＳＣは金科玉条のごとくＢＳＣの定番として普及している。およそ，大手企業の３割～４割程度が何らかの形でＢＳＣを導入しているのである。

　しかし，実は，このデファクト・スタンダードとなっているかのような第３世代ＢＳＣは，非常にアンバランスで危険極まりない経営手法である事が，多くの経営者には理解されていない。いってみれば，ＢＳＣの経営数値目標の達成が，あたかも優良企業としての経営実態であるかのように見せかけられた経営偽装状態になっている。

　正確には，「内部統制」という言葉自体が現在のように人口に膾炙していなかった時点から，多くの経営者・コンサルタント・学者の方々が気付いていなかった盲点を，筆者は既に見抜いて警鐘を鳴らし続けてきたのである。

　日本において，After J-SOX研究会や内部統制研究学会などがCOSO-ERM（コソ・エンタープライズ・リスク・マネジメント）という，戦略と従来の内部統制・リスク管理の一元化を目指す次世代経営モデルを模索してきた。

それで，やっと気付くか気付かないかという段階ではあるが，筆者は既に2006年7月1日（於：甲南大学）の管理会計学会大会でCOSO－ERM型のBSC，つまり，ここでご紹介するSRB（ストラテジー・リスク・バランス）スコアカード（通称：第4世代BSC）の第1段階完成形の手法を公開し，これまでのBSCや経営モデルの盲点を解き明かしてきた。

要するに，これまでの経営モデルやBSCでは，指標設定や目標達成のベースがお金儲けに関わる収益戦略や業務活動の有効性・効率性に関わる点にあまりにも偏った「経営の可視化（見える化）」やPDCA（Plan／Do／Check／Action）サイクルを回す事に躍起になり過ぎていたのである。

その一方で，経営戦略・業務活動とコインの表裏一体の関係にあるリスク管理・内部統制を軽視し過ぎてしまっていたのだ。

ざっと第3世代BSCまでの経営手法に見られる経営の可視化における問題をまとめると，次のようになる。

### これまでのＢＳＣ（第3世代まで）の諸問題

■ 戦略の遂行に係るPDCAに重きを置きすぎた

> ⇒戦略の遂行には，表裏一体としてリスクがつきまとう
> 　（例）顧客満足度をアンケートで測って顧客志向の経営へ転換する戦略遂行
> 　　→個人情報の漏洩・情報の不正活用・満足度データの不正改ざん
> ⇒リスクを取って進める「戦略の遂行」と「リスクの管理」のバランス化が必要

■ 内部統制・リスク管理がごく一部としてしか扱われなかった

> ⇒業務の視点の一部でしかリスク管理を扱ってこなかった
> ⇒BSCの戦略マップを縦の因果関係を通しての内部統制を意識した策定が必要

■ BSC策定プロジェクトは経営企画部・社長室の主導がほとんど

> ⇒内部統制・リスク管理の観点から，財務部・監査室，人事部などもプロジェクト要員として配置すべき状況にある

■ KPI（重要業績指標）が数字の一人歩きをしてしまう

> ⇒社会保険庁の不正免除事件にみる"KPIの暴走"にはカウンターKPI，KRIの設定が必要
> 　＊カウンター KPI，KRI（キー・リスク・インジケーター）により，あるKPIを統制するKPI，KRI設定

第4講　ＢＳＣは内部統制対応型のＳＲＢスコアカードへ進化する

　経営の可視化に用いる数値化・KPI（キー・パフォーマンス・インジケーター）が数字の一人歩きをしてしまう例が，社会保険庁で起こっていた。

　保険料の未納率というKPIを設定したのに対し，単に未納率という成果指標を下げさえすればいいという短絡的な考えに走った社会保険庁の職員が原因である。

　未納率を下げさえすればいいとして保険料未納者を不正に「保険料免除」扱いにして，見かけ上の数字だけ好転させていたケースがまさに経営目標数値管理における経営偽装状態を端的に示していた。

　この場合，筆者は，そもそも，KPIで経営管理する際のリスクをカウンターKPI（あるKPIが数字の一人歩きをしないように規制するKPI）を設定するか，あるKPIの裏側にあるリスクの評価と対応により，KRI（キー・リスク・インジケーター）とKCI（キー・コントロール・インジケーター）などを設定して，指標同士の牽制機能を持たせる必要があったと指摘してきた。

　この点ひとつをとってみても，これまでのBSCや経営の可視化においては，未熟なまでに盲点が散在している事に，経営者はもちろん，学者・コンサルタントなどの専門家は気付かなければいけなかったのである。

## ＫＰＩの構造改革：ＳＲＢスコアカードによるCOSO－ERM志向の経営の可視化

　KPIは，一旦設定して運用し始めてしまうと，何かそれだけで経営の可視化ができたような錯覚を起こさせる数字の魔力がある経営偽装の元凶になり得る。しかし，従来のKPIは，実は，内部統制・リスク管理を含めたCOSO－ERMによるSRBの概念から，著者は2006年から次のように細分化しなければならない事に警鐘を鳴らしている。

　戦略目標（これも従来の単にお金を儲けるための戦略・業務活動上の目標ではなく，戦略的な内部統制・リスク管理を含めたＳＲＢの概念における戦略目標である）の下にあるKPIは，実は，「SRBスコア」の下に存在し，KPIの先行指標―結果指標

と対になるKRIとKCI（キー・コントロール・インジケーター）との加重平均又は任意のウエイト付けを経て，SRBスコアが決まるのである。戦略マップ内の戦略目標の中身を図示すれば次のようになる。

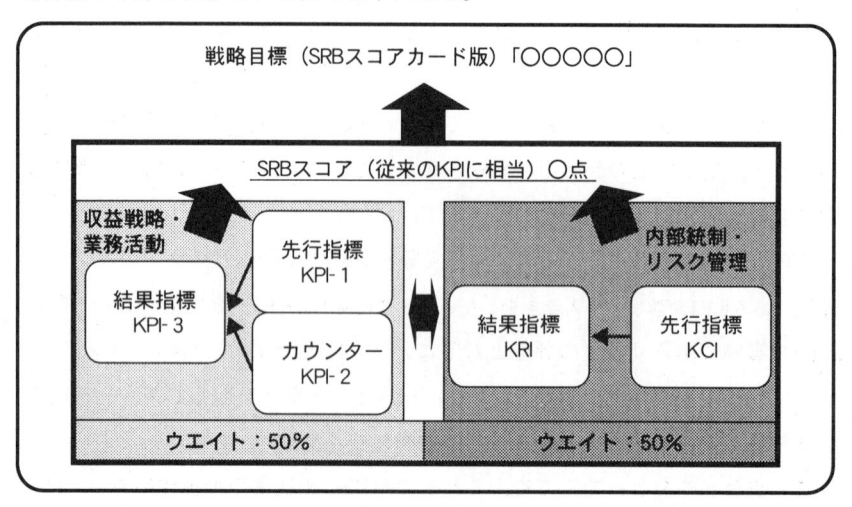

```
                戦略目標（SRBスコアカード版）「〇〇〇〇〇」
                              ↑
         ┌────────────────────────────────────────────────┐
         │         SRBスコア（従来のKPIに相当）〇点          │
         │    ↖                              ↖             │
         │ 収益戦略・          先行指標         内部統制・    │
         │ 業務活動           KPI-1            リスク管理   │
         │  結果指標                  結果指標    先行指標   │
         │  KPI-3    ←                 KRI   ←   KCI      │
         │           カウンター                              │
         │           KPI-2                                  │
         │  ウエイト：50%              ウエイト：50%         │
         └────────────────────────────────────────────────┘
```

　従来の収益戦略の遂行に係る業務活動の評価指標であるKPIでは，COSO－ERMにおける「リスクの評価と対応」の構成要素が完全に抜け落ちてしまっている。

　つまり，第3世代BSCまでの指標管理による経営モデルでは，無意識の内にCOSOモデルでいうところの「リスクの評価と対応」を欠落させ，必然的に内部統制を崩壊せしめている事になるのである。

　そこで，KRIやKCIとSRBスコアを従来のKPIに加えて用いる事で，収益をあげる上での重要な戦略・業務活動の指標管理ができるようになる。

　また，因果関係を持ったKRIとKCIを設定する過程で，KRI設定においてある戦略目標におけるリスクを特定・設定し，そのリスクを影響度と発生可能性から評価し，かつ，その評価して重要と判定されたリスクの対応としてどのようなコントロールが必要になるかを想定した上でKCIを設定する事ができるようになる。

　つまり，これまで欠落していた「リスクの評価と対応」を自然とSRBスコア

## 第4講　BSCは内部統制対応型のSRBスコアカードへ進化する

カードの策定過程が織り込んでくれる。SRBスコアカードによる経営評価が，健全経営を経営陣に促すようになるのである。

　これは，実は，個人投資家の金融商品の購入に例えれば，極めて単純かつ当たり前の事である。要するに，ある金融商品を購入する際に，個人投資家はハイ・リスク＝ハイ・リターンのものか，ロー・リスク＝ロー・リターンのものにするか，必ずといって良いほど，自然と収益をあげる意思決定と同時に，リスクに対する意思決定を行っているのである。

　しかし，残念ながら，これまでの第3世代BSCでは，ハイ・リターン又は中長期計画からカスケード（下位展開）された目標リターン値を得る事ばかりが旧来のKPI設定・目標値の達成へ向けたプレッシャーによって余儀なくされていた。

　もし，ハイ・リターンを得るのなら，そのリターンと表裏一体のリスクについてはっきりと認識し，リスクの影響度と発生可能性によって，KCIに示されるリスクの対応をいかに意思決定して実践していけるか，また，意思決定後のリスクとコントロールの，生き物のようにうごめく変化にどう対応していけるかを十分検討し対策をとることが，当たり前のように大切な事であると言う事だけである。

　このSRBスコアカードでは，いくら売上が飛躍的に向上しても，その反面，リスクに対するコントロールが効かずにリスクが顕在化して経営上のダメージを与えたり，あるいは，リスクとコントロールに対して適切に対応してKRI・KCIの目標値を達成したりできなければ，従来の第3世代BSCでは高い評価が得られた人材や部署が，SRBスコアカードでは大して良い評価にならない事になるのである。リスク対策への貢献度が評価に加わるのである。

　つまり，従来のBSCや成果主義では高い評価を得られた人材・部署であっても，リスクを軽視して違法あるいは危険な利益至上主義に走っている限り，SRBスコアカードにおける健全で持続的発展可能な状態を是とする経営システムにおいての評価は決して高くはならない。

　このSRBスコアカードによる新たな評価により，企業全体として，リスク対

策・内部統制に配慮しつつ持続的発展を遂げる健全な経営，つまり，売上高や利益の指標が一人歩きして違法な利益至上主義に走る事のない経営を追求するという姿勢やメッセージを，強く一人一人の社員に訴えかける新たなミッション経営ツールとなるのである。

　従来の成果主義やBSC連動型の評価制度の弊害は，SRBスコアカード経営によって，大幅に改善される事になる。

　そして，このSRBスコアカードは，何も新たな投資を必要とするのではなく，従来のBSCにおけるKPI改革を行えば，J－SOX対応企業から非上場の中小・中堅企業に至るまで，シームレスに導入できるものであると言う事をお知りおき頂ければ幸甚である。

　本件における共同研究・試験導入を希望されるコンサルティング企業や学術団体や一般事業会社・非営利機関等があれば，筆者としてはできるだけ協力していきたい所存ゆえ，お気軽にご一報頂ければと思う。

## 戦略と内部統制の一元管理：第4世代BSC（SRBスコアカード）

　2006年5月1日施行の新会社法においては，企業規模を問わず，内部統制の構築・運用が各企業に要請されている。

　また，2007年6月成立の金融商品取引法第24条4－4（通称：日本版SOX法（J－SOX法））においては，上場企業及びそのグループ企業・関連会社等をはじめとして有力企業約5万社程度に影響を及ぼす内部統制の厳格な要求と詳細な文書化等の作業要求が出ている。

　内部統制というと，多くの企業が監査部門や財務経理部門の問題として捉えているようであるが，そもそも，内部統制は全社対応しなければ成り立たない問題なのである。

　内部統制の本質を見極めている企業の中には，人事部や総務部等の方々からも，企業意識調査や社内研修等において，内部統制・コンプライアンス関連事

## 第4講　BSCは内部統制対応型のSRBスコアカードへ進化する

項を強く希望されるケースが散見される。

　また，従業員の働き方や各部門の役割（人事部・監査部・財務部など全社的影響）に大きな変革がもたらされる事を理解している企業も少なからず存在する。

　しかし，残念ながら，経営層においては，収益戦略と内部統制・リスク管理のバランス・両立による健全な持続的発展を志向するというよりも，お金儲けの収益戦略に偏りがちである。

　つまり，経営陣は，内部統制に関する事をどこかの部署のだれか部下に任せておけば良いという，内部統制の本質からかけ離れた丸投げの経営偽装実態があるのも事実である。

　日本における内部統制の整備・構築・運用にあたっては，いわゆるトップ・ダウン型アプローチが採用されており，経営層の一層の内部統制に対する理解を進めなければならないのは自明である。

　筆者はここで，ある大きな危惧を抱いている。それは，経営層の内部統制への配慮・対応が手薄になり，収益戦略は収益戦略として，また，内部統制はごく限定的な対応としての内部統制として，バラバラに部分最適化された経営が推し進められている経営偽装の実態についてである。

　実際，日本企業の経営においては，BSC（バランス・スコアカード）を導入している企業において，ミッションの浸透と戦略のPDCAサイクルを回す事には腐心している。

　しかし，その日本企業の多くが，各社BSCにおいて，内部統制のPDCAサイクルやリスク管理といった要素は全くといって良いほどに盛り込まれていない。あるいは，多少はリスク管理要素があったとしても，その各社BSCが，かなり限定的な取り扱い分野とされているのが現実である。

　良くあるケースとしては，収益戦略についての情報はBSCで重点的に扱い，内部統制やリスク管理はまた別のシステムを導入して扱っており，その双方が一元管理される事は皆無といって良い。

　筆者はこれまでに，程度の差こそあるが，全国で数多くの企業の内部統制指導にあたってきたが，BSCの理想像を追求するにあたり，下記に示す3つの大

きな課題があると感じている。
1．SRB（ストラテジー・リスク・バランス）の経営観の欠如
2．BSCとJ－SOX及び内部統制全般の双方をつなぐブリッジ的スペシャリストの欠如
3．COSO－ERM志向SOX法・内部統制対応型BSC（第4世代BSC）の普及啓発活動の必要性

これ以降，この3つの課題について筆者の経験から述べていく事にする。

## SRB（ストラテジー・リスク・バランス）の経営観の欠如

2000年以降に戦略マップが導入されたいわゆる第3世代BSCは，現在，日本企業において業種業態に関わらず30％前後の企業が経営システムとして活用している。

それ自体は決して悪い事ではなく，むしろ経営品質の向上の観点からも素晴らしい事である。しかし，経営そのものにもBSCにも環境適応が必要となってくる。

既に述べたように，内部統制・リスク管理を巡る問題は，PEST分析（政治・法律面，経済面，社会面，テクノロジー面の経営の諸環境分析）としていえば，新たな法的及び社会的な変革が経営環境に一大変化をもたらし，日本においても「内部統制産業」が根付きつつある。

いわば，かつてIT産業革命があったように，今，日本企業が直面しているのは，筆者が良く講演で述べている「内部統制産業革命」（筆者の造語）である。

マスコミ各社の報道で既にご存知のように，昨今，世の中を賑わせている企業不祥事は，全て経営における収益戦略と内部統制の一元管理や最適バランス化の欠如による問題である。即ち，SRBの欠如による問題である。

ミートホープ社の食肉偽装問題，赤福や御福餅や「白い恋人」等の偽装表示問題，英会話学校NOVAの経営破綻問題等，様々な企業不祥事が後を絶たず発

## 第4講　BSCは内部統制対応型のSRBスコアカードへ進化する

覚している。

　これらのほとんどは，利益至上主義の経営により，内部統制・リスク管理の問題を軽視もしくは無視して起こった問題である。

　もちろん，企業の存在目的として，突き詰めれば利潤の追求であるため，企業が利益を上げる事に異論は無いのだが，問題はその利益の上げ方・利益を上げるためのプロセスの在り方にある。

　当然ながら，これまでにもCSRとして第3世代BSCの中でも，短期的な利益至上主義への抑制機能（中長期的な収益向上志向）を扱って来ていた。しかし，もはや，CSRのみに内部統制・リスク管理的な問題解決機能を担わせるには限界が来ている。

　CSRにおいて，ISO化への動きがあるが，それでも尚，本来は企業の主体的イニシアティブであるCSRの活動を進めるだけでは，コンプライアンス・内部統制・リスク管理といった問題に根本的かつ強力に対応を求める消費者をはじめとする社会的要請に応えきれなくなって来ているのは自明の事である。

　そこで，新会社法及びJ－SOX法といった法的側面について，BSCにおいても戦略と一元化して扱わない限り，いくらCSRを第3世代BSCで扱っているからといって，それだけで社会的要請に対応できる経営をできているとはいえない現実がある。

　もちろん，従前のCSR活動が問題というのではなく，CSRや企業倫理は今後もより重要性を増すので，筆者はBSCにおいて，収益戦略と，CSR（自主的イニシアティブの活動）と，内部統制・リスク管理（法的要請への強制力を伴う対応）という3つの要素を，COSO－ERM志向のSOX法・内部統制対応型BSC（第4世代BSC：SRBスコアカード）において統合して，SRBを実現する統合的アプローチが必要になって来ているといっているのである。

　筆者はよくコンサルティングや講演や執筆活動等を通じ，このSRBについての概念を飛行機の操縦に例えて説明している（経営のフライトモデル）。

　左の翼のエンジンが収益戦略のPDCAサイクルであり，右の翼のエンジンが内部統制・リスク管理のPDCAサイクルである。

## 内部統制の弱い「儲け」主体の急旋回フライト

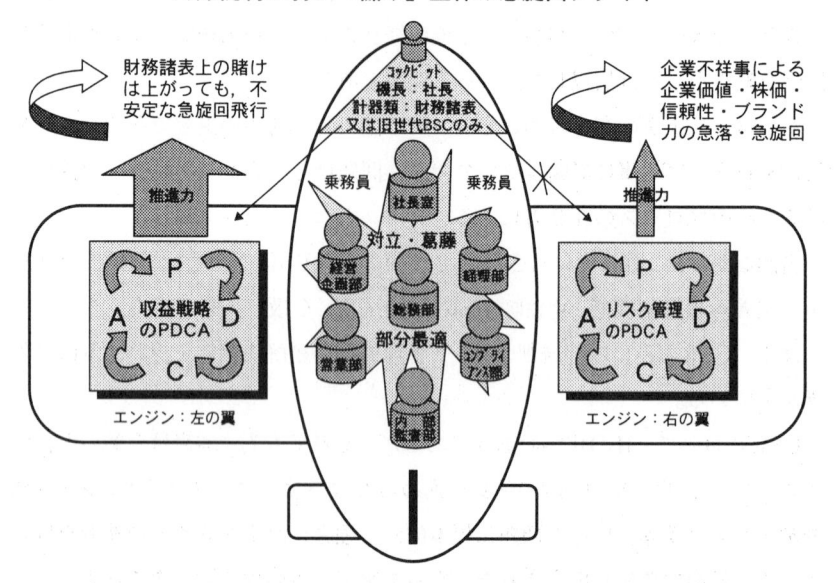

財務諸表上の賭けは上がっても、不安定な急旋回飛行

企業不祥事による企業価値・株価・信頼性・ブランド力の急落・急旋回

コックピット
機長：社長
計器類：財務諸表又は旧世代BSCのみ

乗務員　乗務員
社長室
対立・葛藤
経営企画部　経理部
総務部
部分最適
営業部　コンプライアンス部
内部監査部

推進力
収益戦略のPDCA
エンジン：左の翼

推進力
リスク管理のPDCA
エンジン：右の翼

## まっすぐ公正な企業価値向上に向けた理想的なフライト

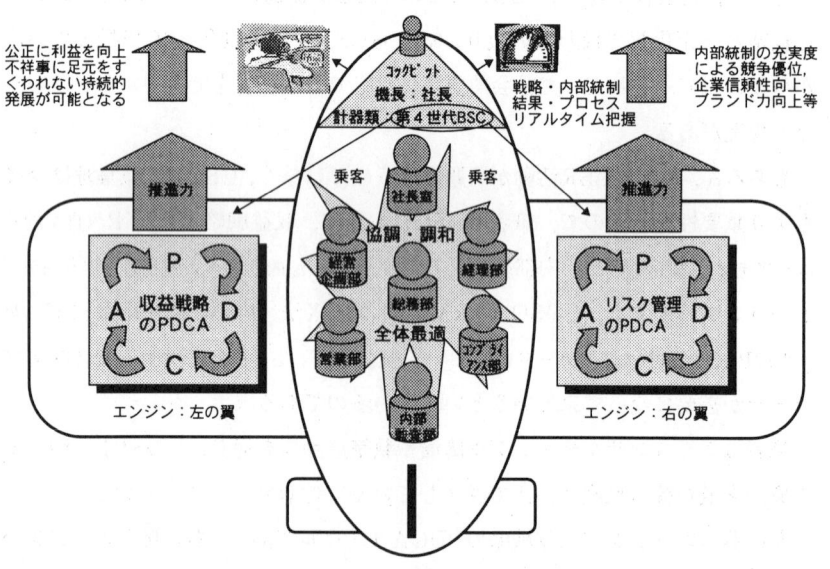

公正に利益を向上　不祥事に足元をすくわれない持続的発展が可能となる

戦略・内部統制　結果・プロセス　リアルタイム把握

内部統制の充実度による競争優位，企業信頼性向上，ブランド力向上等

コックピット
機長：社長
計器類：第4世代BSC

乗客　乗客
社長室
協調・調和
経営企画部　経理部
総務部
全体最適
営業部　コンプライアンス部
内部監査部

推進力
収益戦略のPDCA
エンジン：左の翼

推進力
リスク管理のPDCA
エンジン：右の翼

第4講　ＢＳＣは内部統制対応型のＳＲＢスコアカードへ進化する

## 新たな経営の時代：COSO-ERM (Enterprise Risk Management)

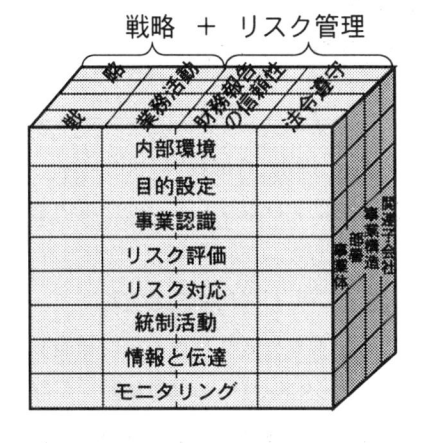

戦略 ＋ リスク管理

戦略とリスク管理のバランスある融合的な統合経営手法が必要な時代となった第4世代BSCを世界初の統合的経営手法として管理会計学大会にて発表！

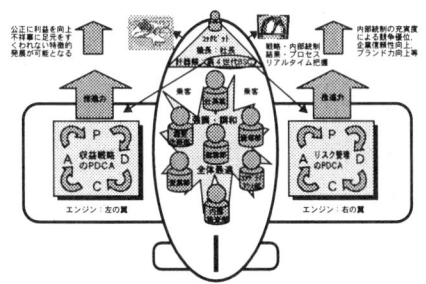

　従前の第3世代BSCにおいては，右の翼の内部統制・リスク管理のPDCAサイクルが欠けているか，又は，あまりにも右の翼のエンジン出力が低い（つまり経営者の配慮や対応が手薄）ため，左の翼のエンジンだけで飛行している危険な状況であるといえる。

　ひとつ経営を誤れば，一気に飛行機のバランスが崩れ，きりもみ飛行した挙句に墜落するという事である。右の翼のエンジンである内部統制・リスク管理のエンジン，即ち，そもそも不正や不祥事が起こりにくい仕組みやプロセスの整備・構築・運用を可視化して統制をとり，左右のエンジンの出力を調整・最適バランス化してはじめて安心して健全にまっすぐ飛行できる。つまり，SRBを通じて，初めて企業経営は持続的発展を望めるという事になる。第4世代BSCは，この持続的発展を可能にするものである。

　実際に，このような理念及び第4世代BSCについて，2006年の管理会計学会大会で著者が世界初で独自開発・発表した際，学術関係者・実務家・公認会計士の方々から，COSO－ERMの次世代経営における実践的手法としてSRBが好評を博し，先進的な企業はかなり好感を持ってSRBの経営フライトモデルを受け入れてきている。

## BSC, J−SOX及び内部統制全般, そして
## その双方をつなぐハイブリッド的存在の欠如

　次に, SRB経営を実践する上での障壁は, 各企業又はコンサルティング企業等における人材の問題である。従前のBSCの専門家や, 内部統制の専門家や, その他様々な専門家がいるが, ここで重要なSRBにおけるブリッジ的な専門家が筆者以外には皆無といっても良いという惨状がある。

　つまり, 1) BSC・収益戦略とその諸活動についての専門知識と実践スキルを持つ人材, 2) J−SOX・内部統制をはじめとするリスク管理の専門知識と実践スキルを持つ人材, 3) 上記の両方を備え且つSRBについての横断的な専門知識と実践スキルを持つ人材に分けてみた際, 1) 及び2) はそれなりに存在するものの, 戦略と内部統制・リスク管理の統合的アプローチをとれる3) の専門家が筆者以外にはいないのが問題なのである。

　そうすると, 企業の現場においてどうなるかといえば, 収益戦略は収益戦略の専門家が扱い, 内部統制やリスク管理はそれぞれの専門家が扱い, その両者がかみ合う事なくバラバラに部分最適化されてしまうという状況に陥っているのである。

　経営者は本来, 持続的発展のために, 収益戦略も, 内部統制やリスク管理も, 双方をバランス化できるように一元管理できる状態でなければならない。

　しかし, 経営者のところに上がってくる情報のタイミングもバラバラであるし, 意思決定における判断の基となる情報のフォーマットやシステムもバラバラであったりするため, 現実としてはSRB経営ができていないのである。

　1台のPC上で1つの経営者向け戦略マップ上に, 収益戦略の動向と内部統制・リスク管理の動向が, 双方比較検討可能な状態で一目瞭然になって一元化できる第4世代BSCの理想的な現実解と比して, あまりにもお粗末な経営実態が現時点で多くの企業で放置され続けているのである。

　そこで筆者は, コンサルティング・講演・執筆等の様々な機会をとらえて, BSCの普及啓発と共に, J−SOX・内部統制の普及啓発に努めている。

第4講　BSCは内部統制対応型のSRBスコアカードへ進化する

前述の3)の収益戦略と内部統制・リスク管理の双方にブリッジをかけられるハイブリッド型人材育成に注力している。

それでも尚，今の企業の重点課題がJ－SOX対応やIFRS対応や新型インフルエンザ等の個別リスク管理対応であるため，2)の人材強化のみを企業が注力しており，なかなか3)のCOSO－ERM志向のハイブリッド人材が成長・育成・活動できるところまで至っていないのが現状である。

## COSO－ERM志向SOX法・内部統制対応型BSC（第4世代BSC：SRBスコアカード）の普及啓発活動の必要性

既に述べてきたSRBの経営観やハイブリッド型人材の欠如という問題に加え，そもそも，それらが最終的なゴールとして目指す経営像である第4世代BSCとSRB経営について，普及啓発が十分に広まっていないという状況がある。

コンサルティング各社にせよ，コンサルティングを受ける各企業にせよ，目の前の売上数値やリスク管理対応にのみ目を奪われてしまっている企業が多い。いわゆる Beyond SOXと呼ばれる，J－SOX対応後の経営像について意識している企業が極めて少ない現状がある。

更に，多くの研修企業においても，この Beyond SOXとしてSRBを講義できる講師が極めて稀有であり，ほとんどの講師やコンサルタントが，目先の企業経営における諸対応についてのセミナーしかできていないという問題もある。

筆者は，担当させて頂く社内研修や公開セミナー等を含め，取材等においても，第4世代BSC及びその根本理論となる Beyond SOXとしてのCOSO－ERM経営について以前より指導している。

しかし，筆者1人で普及啓発するには限界がある。十分に世の中にSRB経営をご紹介できていないという課題に筆者は頭を抱えている。

筆者がわずかながらも希望が湧いてきたのは，コンサルティング企業や研修企業において，やっとSRB経営の必要性が理解され始めており，筆者に問い合

わせ頂くケースが増えてきたという事があることである。
　J-SOX対策から更に進んでBeyond SOXへ移行するような経営史や経営観のパラダイム・シフトは、何度も繰り返し訴えかけ続けてはじめて少しずつ理解されてくるというもどかしさを筆者は感じている。
　既にSOX法の本場アメリカでは、Beyond SOXについてのある程度は成熟された議論がなされている。その中で、BP Trend誌に著者が第4世代BSCについての論文を審査依頼し、アメリカにてCOSO-ERMの世界初、かつ、世界で唯一のSRB経営の実践手法として、審査に通過し掲載されたのは、非常に興味深い事であった。
　筆者としては本場アメリカで認められたSRB経営と第4世代BSCとしてのSRBスコアカードにつき、今後も、私費を投じて運営している日本ERM経営協会や各種研究会等を通じて、普及啓発に努めていくと共に、第4世代BSCの伝道師を育成する事にも努めていきたいと思っている。
　現在は東京でのみ開催している日本ERM経営協会・SOX法研究会にご興味のある方は、筆者までご連絡を頂ければ幸いである。

　最後に、新たな経営手法を提唱するにあたり、筆者は本書にマーク・トゥエインの一言を刻んでおきたい。

　「新しい事をする人は変人だ。それが成功するまでは……。」

　日本において、多くの企業が適切に第4世代BSCを導入・活用し、より健全かつ持続可能な発展を遂げられる事を心より祈っている。
　なお、第4世代BSCについて一緒に研究を深めていって頂ける方や、テスト導入してみたいという企業があれば、是非、筆者にご連絡頂きたい。

## 第5講

# 「内部統制産業」の黎明期を生き抜くために……

### 迷走し続ける監査法人

　企業にとって，財務報告・財務経理の「最後の砦」として拠り所となる監査法人は，もはや，最後の砦となるべきではないと思われるような迷走をし続けているところがある。

　従前の財務諸表という経営活動における，あるプロセスの「結果」の監査において監査法人はプロではある。しかし，その財務諸表ができるまでに様々なプロセスやＩＴ面でのステップを経る経営活動における「過程」を見定めていく内部統制監査では，監査法人が「専門外素人」同然の馬脚を現してしまうケースが目立っている。

　特に，地方上場企業及びそのグループ企業・関連会社群に回ってくる監査法人の姿勢には，筆者としては多くのクエスチョンマークがつく場面に直面している。

　以前，巷ではよく内部統制監査を担当できる監査人がいない監査法人があったため，「監査難民」が出て多くの企業が困ってしまうという話が出ていた。内部統制監査を受けられない企業が困るのは確かに大変な問題ではあるが，見方によっては，むしろ，内部統制の監査において未成熟な監査法人に監査を受けられない状況の方が，なまじ「内部統制の急ごしらえ監査」を受けてしまう

企業より救われるかもしれないのではないか、とさえ思えるような事態が起こっている。

もはや、「監査不信」を通り越して、「監査不全」や「監査不能」状態に陥っているのが、今の一部の監査法人群に見られる窮状ではないかと筆者は常々思っている。

## ▍「コンサルタントをつけないと監査を通さない」という監査法人

内部統制は、そもそも、各企業が自社対応で主体的に各企業特有の事業特性・リスク特性を勘案して構築・整備・運用するべきである。

しかし、中には、外部の内部統制コンサルタントを雇ってそのコンサルタントに内部統制を構築・整備させないと監査を通さない、と公言する監査法人がある。これは実際に筆者が出くわした驚くべき現状である。

監査法人側からすれば、ある企業について内部統制の成熟度が低いと判断した場合に、外部から内部統制に詳しいコンサルタントをつけて万全を期して欲しいという心情は理解できなくは無い。

しかしながら、内部統制に係る公式の協議の場で、「外部の内部統制コンサルタントをつけなければ監査を通さない」という発言を堂々としてしまう監査法人の監査姿勢は、果たして正しいものなのだろうか。

筆者が思うに、そういったことは監査をする側の都合であって、企業に必要以上の資金的負担を強いるものである。

J－SOXの実施基準においては、どこにも外部の内部統制コンサルタントを雇わなければ監査を通してはならない、ということは書かれていない。

それどころか、文書化作業において言えば、どのようなフォーマットを使用すべき、といった唯一絶対のフォーマット類すら指定されていない。

極端な話、文書化の際に、下図のような文書作成を示すマークや判断を示すダイヤのマークなどを使わなくても良く、統一されたルールがあり理解できさ

えすれば，古代の象形文字やハンコを押して承認している姿を示したイラストを下図のマークの代わりに使用して文書化を行っても良いのである。

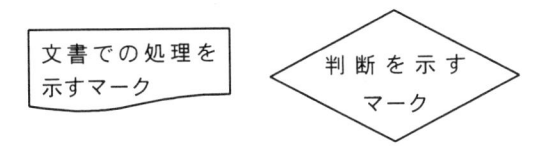

| 文書での処理を示すマーク | 判断を示すマーク |

しかし，監査法人側の身勝手な都合からすれば，形式上，よく使われる形態での文書化の成果物や様々な作業の成果物が整っていた方が，ざっと目を通して監査しやすいという利便性がある。

各企業が手垢にまみれた愚直で自主的な努力をもって内部統制の本質をとらえて作成した血の通った成果物よりも，無機質で「仏作って魂入れず」のように，内部統制の形式主義・形骸化による「代書屋」の成果物の方を好感する監査法人の姿勢が，果たして良いと言えるのだろうか。

この問いに，筆者は迷わず否定している。企業が，折角，自分たちで一生懸命に内部統制の理解を進め，自分たちの手で本来あるべき自主的なイニシアティブをもって，内部自治として構築・運用を進める内部統制に対して，監査法人側の勝手な都合で全否定してしまいかねない愚行を，ある監査法人は犯してきてしまったのである。

そもそも，内部統制コンサルティングは，文書化の「代書屋」であるべきではないのである。コンサルタントは，各企業特有の状況を勘案して，各企業それぞれにより良い状態で明確に何をいつまでにどこまで行うかについてや，コンサルティング企業の押し付けや雛形の濫用ではなく，ヒアリングに基づく各企業向けの固有のアドバイスなどを行う必要がある。

内部統制についてのコンサルティングは，経営層から現場に至るまで，全社を巻き込んだ内部統制の構築・整備・運用の支援を，企業からの丸投げではなく企業に寄り添って伴走するように行うべきであると筆者は考えている。

実際に筆者のコンサルティングではその旨に沿った活動を行っている。しかし，多くのコンサルティング企業では，付け焼刃の内部統制コンサルタントが，

コンサルティング・フィーという名の「紙幣印刷機」を高速回転させるような，形式主義の礼賛と形骸化の元凶となる「代書屋」と化しているきたように思われる。

そもそも，これまではっきりと把握できていなかった各社のリスク管理・内部統制において，「ブラックボックスを開けて中身を見る」ようにリスクの見える化によって，最適なリスク管理の意思決定の支援がなされるべきである。

それにも関わらず，J－SOXや各種リスク管理における文書化等の作業を外部のコンサルタントが丸投げ型で代行する事によって，却って，これまで以上に各種リスク管理や内部統制の実態を，深いブラックボックスの闇に葬り去ってしまっている感がある。

そういったコンサルタントに，監査法人は全てを委ねる，いや，より正確にいえば，監査法人が全てのリスクを背負うのを嫌気し，コンサルタントにリスクを負わせさえすれば，各企業の内部統制が形だけのものになっても良いという判断をしている，というように筆者は思えてならないのである。

監査法人によっては，企業の各種リスク管理・内部統制にかける思いや予算などが度外視されているように筆者には思われる。内部統制監査の報酬を得ながら監査法人自らの決して適切とはいえない保身を図る傾向にあるのではないかと筆者は見ている。

それ故，企業の負荷や特性等を一切考慮せず，ありきたりの監査上の要求を過大とも言える程度に各企業に要求する監査法人の監査人が多いのであろう。

## 「IT統制に関して，とりあえず初年度はバツを出す方針です」と言う監査法人

筆者が更に驚いた監査法人では，「IT統制に関して，とりあえず初年度は全て不適合にて処理する方針です」といってのけた監査法人があった。

いかに各企業がIT統制に真摯に取り組んでも，監査法人から来た外部監査人が，IT統制については企業実態の如何に関わらず，全て監査不適合にすると

いうのである。

　これでは，ＩＴ統制により一層の注力をするモチベーションが上がるような企業は無いだろう。そもそも，監査法人が内部統制監査をする前に，内部統制監査におけるＩＴ統制状況について監査不適合にするということは，あってはならない話である。

　それでは，何のためにＩＴ統制に係る監査報酬まで取って，監査法人は何をどのように監査するというのだろうか。これはもう，「監査法人の監査人としてＩＴ統制の監査をする気はないが，何もしなくても監査報酬だけは頂きます。でも，いくら払ってもらっても，ＩＴ面では内部統制の監査には通しません。」といっていると感じても何の不思議はない。

　では，各企業がＩＴ統制をないがしろにしているとか，あまりにも目を覆うような惨状がＩＴ統制という舞台で繰り広げられているというのかといえば，監査法人の主張が必ずしもその通りであるという事では無い。

　むしろ，監査法人からやって来るアドバイザリー・サービスの公認会計士やシステム監査人に対して，ＩＴ統制の何をどこまで何に沿ってやればいいか聞いているにも関わらず，件の監査人は「我々にもわからない」と回答するのみであった。

　彼ら彼女らは，「とりあえずこのワークシートに回答しておいて下さい」と資料とフォーマットだけを出してくるのであった。

　そもそも，アドバイザリー契約を結んだ企業が欲しいのは明確な指針や回答であるのだが，アドバイザリー契約料金をもらって，企業に「わからない」と回答する事が監査法人の仕事なのかと，筆者は大変いぶかしく思っている。

　挙句の果ては，「最終的に財務報告が正しければそれで良い」というアドバイスをして帰っていく監査人がいた。ここで筆者は非常に不思議に思うのである。そもそも，財務報告の信頼性をチェックするためにＪ－ＳＯＸにおける内部統制対応として，財務報告ができるプロセス自体が妥当かどうかを監査するためにＪ－ＳＯＸ法ができているはずである。

　企業経営や財務報告のプロセスを無視して，財務報告の結果だけを監査する

のであれば，従前の財務諸表監査を内部統制監査として行っているならば，それは監査法人側の経営偽装そのものである。

「やっぱり御社の独自性が反映されたプロセスやＩＴ面の事は監査法人の監査人として良くわからないので，最終的な財務報告だけ正しいかどうかチェックします」というのでは，従前の財務諸表監査以外の何物でもないわけだ。

そのように，内部統制に係る監査など不要になってしまうような自己矛盾した論理を堂々と披露して頂いた監査法人の監査人は，監査不信どころか，監査不能・監査不全を起こしているとしかいいようが無いと筆者は感じている。

## 地方企業に二軍・三軍の監査人が回ってきている？

南は九州から北は札幌まで，筆者は首都圏を中心として全国でコンサルティングや内部統制相談会や研修等を行っていて思うことがある。それは，首都圏にある大手企業担当の監査法人の監査人にも内部統制に対する理解レベルの低い方が散見されるのだが，それ以上にひどいのは地方企業，特に，地方の二部上場企業や新興市場上場企業群に対応している監査法人の監査人の内部統制理解レベルが低いということである。

以下は筆者の「邪推」としてお読み頂きたい。監査法人としては，大手企業の内部統制監査に対して監査の不適合意見を出すと，社会的なインパクトが大きくリスクも高いし，ニュースになった際に担当監査法人がやり玉にあげられかねない。

そのため，大手企業には野球の一軍選手ならぬ監査法人の精鋭の監査人が対応しており，監査の不適合意見を出しても大して社会問題として取り上げられないような地方上場・新興市場上場企業群に対しては，野球で言う二軍選手や「三軍」選手ならぬ，監査法人の中での不出来な監査人が担当企業を回っているように筆者には思えてならない。

地方二部上場企業のある内部統制担当推進者の方から伺った話では，ある監

## 第5講 「内部統制産業」の黎明期を生き抜くために……

査法人の監査人が「私は壁を向いてしゃべりますが……」といかにも極秘情報や内部統制のコツを「親切心」から「独り言」をつぶやいてくれたという。

その「独り言」の内容自体を筆者が聞いてみれば，内部統制の根本にもとる的外れな内容であった。あたかも，その監査人は，「私は内部統制の監査について御社だけにそっと『独り言』として親切に教える有能かつ柔軟な監査人ですよ」というアピールをしている，というように筆者は感じた。

筆者は，その監査法人の監査人が，小賢しさによって有能監査人であることを「偽装」しているという思い以外に何も感じられなかった。

「二軍・三軍選手」が「一軍選手」の真似をして，監査法人の大先生ぶっているようで滑稽であった。

また，監査法人の品質管理部門に逐次問い合わせて監査法人全体で監査品質の統一を図る，というような大義名分を振りかざし，現場に来た監査法人の監査人がいろいろな質問に対して，「それは持ち帰って問い合わせます」等といい，現場での回答を避けつつ再度訪問した際に回答を企業に届けるという監査法人の行為は，筆者から見れば，その監査法人の監査人は「ガキの使い」のようにしか見えないのである。

確かに，全てが全て，その場で即答できる問題ばかりだということはないかもしれない。しかし，何から何まで「一旦持ち帰って回答します」というのでは，その外部監査人の内部統制理解度に疑いの目を向けざるを得ないように筆者は思えるのである。

地方の二部上場企業や新興市場上場企業に対しては，監査にやってくる内部統制コンサルタントも付け焼刃の「二軍・三軍選手」であれば，やってくる監査法人の監査人も，内部統制における付け焼刃の「二軍・三軍選手」という惨状がある。

日商簿記検定では，簿記理解度に応じて3級〜1級までのレベルがあるが，内部統制監査にあたる公認会計士やシステム監査担当者にはそのような内部統制に関する等級表示が無い。

筆者は，内部統制監査について，監査法人が自主的に，又は，第三者機関が

客観的に，公認会計士やシステム監査担当者の内部統制理解度におけるランク付けを行えば良いと思っている。

今，自社に来てくれている監査法人の監査人が「1級内部統制監査人」のようなハイレベルな監査人なのか，あるいは，「2級内部統制監査人」のような中程度のレベルの監査人なのか，それとも3級のレベルの監査人なのかが，はっきりすれば良いと筆者は思っている。

それにより，監査法人がある企業に課する監査報酬を変えてもらえば，「ああ，うちの監査法人から来た監査人の公認会計士さんは，3級内部統制公認会計士なので，突っ込んだ質問に答えられないガキの使いだけど，監査報酬が安いから仕方ないか……」と，納得できるかもしれない。

そうなれば，そのような2級・3級の内部統制の監査人には，各企業は監査報酬が安い代わりに何も期待できないと割り切って内部統制対応に挑める。

また，そのような場合は，各企業が「1級内部統制コンサルタント」とでもいうようなハイレベルなコンサルタントに内部統制上の相談・支援を仰ぎ，2級・3級の監査人からはとりあえず監査法人の内部統制監査上のお墨付きを与える権限だけを得るようにすれば良い。

そうすれば，内部統制理解レベルの低い監査法人の内部統制監査人には，内部統制監査報告書にサインだけしてもらえばいいや，というように各企業が割り切って考える事ができるであろう。

銀行や保険会社に格付けする機関があるくらいだから，内部統制監査に当たる公認会計士やシステム監査人の内部統制レベルの格付けをしたって構わないではないかということは，筆者がよく思うことである。

## 筆者はコンサルティング会社や監査法人に恨みでもあるのか？

このような原稿を書いていると，読者の中には，「筆者は内部統制で大型案件を無能であっても獲得しているコンサルティング会社や焼け太りしている監

## 第5講　「内部統制産業」の黎明期を生き抜くために……

査法人に恨みでもあるではないか？」と思われる方がいらっしゃるかもしれない。

　筆者は，そのような不毛な恨みもねたみも特に無く，要するに，「内部統制産業（筆者の造語）」の健全な発展を祈っている。また，筆者自身が，それに向けて孤軍奮闘しているような状況である。

　その中で，現状（As−Is）を知り，「内部統制産業」のあるべき姿（To−Be）に向けて，まずは現場の悲鳴にも似た叫びを読者に共有して頂き，より良い「内部統制産業」として必要な議論や行動を起こせる環境を整えることが，筆者としての役割であると考えている。

　巷には，内部統制コンサルティングの次の一手を模索する学会や各種団体ができているが，門戸を広く開いて自由闊達な議論を一般企業や個人を巻き込んでできているかと言えば，筆者は多少なりとも疑問を抱かずにはいられない。

　筆者が感じるのは，そういった学会や団体が，コンサルティング企業や有識者らしき人物が集まって，「内部統制産業」の発展を期した議論をする場を設けているというよりも，内部統制コンサルティング・ビジネスが行き詰まったのを受けて次の儲けの手段を虎視眈々と伺う金儲け主義に走った集まりになっているということである。

　筆者自身は日本ERM経営協会を私費で設立し，非営利（私費持ち出し）で門戸を広く開き役員層から若手や大学院生などをはじめ，筆者の同業者にも同協会への参画機会を損得抜きに与えている。

　それは，「内部統制産業」の発展と内部統制の最新研究や新潮流における知の共有・創出として，経営環境に適応する最適な内部統制像を求めて行っていることである。

　そのような非営利でかつオープンな運営を地道な活動で続けてきた筆者から見れば，内部統制を巡る各プレーヤー（一般企業，コンサルティング会社，監査法人等）が，もっと，「内部統制産業」全体に寄与する社会的貢献を志向した開かれた議論や活動をしてもらいたいとの思いを持っているのである。

　これは，何も特別な事をしていかなければならないわけではない。一般企業

の方々においては，内部統制の本質を見抜く眼と真贋を見抜く眼を養い，コンサルティング企業のブランド名や，自社に訪問してくるコンサルタントの多さだけに根拠の無い安心感を抱いたり，監査法人というだけでその監査人の言葉にひれ伏すかのように盲信したりするのではなく，自社としてどうするべきか，どうあるべきかを主体的に考えられるようになって「内部統制の意思決定」を適時適切に行えるようにすることが大切である。筆者の本書を通じた各種提言がその一助になれば幸甚である。

**第6講**

# 「揺れる監査 踊るベンダー 戸惑う企業の三重奏」：仏作って魂入れずの内部統制オーケストラ

## いきなり内部統制の文書化からはじめた愚行

　筆者が全国各地のJ－SOX対象企業を見てきて思うのが，多くの企業では，内部統制を手っ取り早く監査に通したい一心で，内部統制の監査上の形式だけ整えようと躍起になっていたということだ。

　確かに，内部統制の監査にあたって，提出書類がなければ監査のしようがないのではあるが，本末転倒の内部統制対応をしている企業が多いのには驚きを隠せない。

　例えば，業務処理統制の整備・構築・運用のために，「まずは内部統制の文書化3点セット（業務フロー，業務記述書，リスク・コントロール・マトリクス）を作るのだ」という企業が多かった。

　こういった小手先での形式主義的な対応を第一に行う企業は，まず，内部統制の本質を理解できていないと考えて良い。当たり前の事なのだが，各企業の内部統制は，まず，全社的統制があり，そこで大まかな抽象レベルでの方針書をはじめとする全体の指針を策定する。その指針に従って，グループ内各社が個別に，全般統制として各社でより具体的な規程類を整える。その上で，はじめて，各社のより具体的な業務に対して，業務処理統制として，各社が各種規

定やフォーマットに沿った記載（文書化3点セットもこの内のひとつ）を行うのである。

内部統制は，上記のような抽象レベルから具体レベルへのロジカルなステップを踏んで，各社における内部統制を整備・構築・運用していくのである。

J－SOX対象企業の中には，ろくに全般統制で必須となる規程類もないのに，なぜか，業務処理統制上の文書化3点セットだけは整え，その後，お題目のように後付けで規程類や方針書等を突貫工事で貼り付けるような作業を行っていた。

これは，法律に例えていってみれば，まず憲法（全社的統制）があり，それに従って法律（全般統制又は全体統制）が策定され，その後，より詳細な政令や条例（業務処理統制）が策定されていくという流れに逆行しているのである。

多くの企業が，条例や政令を先に作って，後で憲法をそれらしくすえるというのは，本来，あってはならない事なのだ。しかし，各企業が何の違和感もなく，平気で内部統制の逆行的運用をしているのは，あきれる話であるが悲しい現実である。

## 愚かなコンサルタントの罪

この愚行の罪人は，よく内部統制を理解せずにとりあえず文書化作業で金さえ儲ければいい，という便乗商法的な姿勢で指導にあたったコンサルティング会社ではないかと筆者は思っている。

各企業は，内部統制をよく知っていて各企業が誤った進み方をしないように信頼して指導を仰ぐために，内部統制コンサルティングを依頼したはずである。

しかし，そのコンサルタント自身が，ここで述べたような内部統制の倒錯を引き起こしていた元凶だったと筆者は見ている。

もちろん，コンサルティング企業も伏線を張っており，おそらく，「全社的統制や全般統制ができているという前提でお話しすると……」といったように

## 第6講 「揺れる監査 躍るベンダー 戸惑う企業の三重奏」：仏作って魂入れずの内部統制オーケストラ

さらっと各企業に愚行を犯すことを悟られない前提条件を設定した上での，より狭い視野での内部統制コンサルティング提供を行っていたのであろう。

そうした中，企業側が内部統制コンサルタント側の愚行に気付かないか，気付いても責任を問われにくいようにした上で，倒錯した内部統制対応を余儀なくされていた。この，さらっと敷かれた伏線に，実は，各企業が内部統制の倒錯に陥れられるワナがあったのである。

つまり，そのさらっと語ったコンサルタントの保身と利益至上主義からくる一言に，「御社が全社的統制や全般統制をちゃんとやっているという前提で，それとの整合性は別として，とりあえず，監査で必要とされる書類だけは作ります。内部統制を実効性あるものにするかどうかについて我々は一切関知しません」という意味が込められていたのである。

また，そのコンサルタントが「内部統制対応において，目先の小手先テクニックだけは教える，又は，代行するけど，それ以外は知らないよ」というなおざりな対応をしていたことに気付いた企業がどのくらいいたであろうか。ごく一握りの大手上場企業を除いて，多くの企業がこういった内部統制コンサルタントに，知らず知らずに騙され翻弄させられてきたといっても過言ではない。

各企業は，そもそも内部統制をよく理解できていなかったからこそ，内部統制コンサルティングを依頼したのである。それなのに，内部統制コンサルタントが専門用語を駆使して，さらっと，「御社の内部統制を骨抜きにしたり，仏作って魂入れずの状態にしたりするけど監査用のフォーマットを整えたり文書化作業を請け負うのが，今回の我々コンサルタントの仕事です」と，各企業が気付かないように言われていたのが実態であった。

医療現場においても，医療の専門家たる医師が難解な医療の専門用語をやさしく患者に説明して，インフォームド・コンセントを得るのはもはや常識である。

しかし，内部統制の専門家たる内部統制コンサルタントは，各企業がコンサルティング会社の指導内容こそ内部統制対応の全てであると思い込ませていたようなものであった。

実際，前述の通り，内部統制を憲法・法律・条例の構造に例えたように，政令・条例にあたる文書化３点セットや簡単なチェックシートへの記入をすれば，それが内部統制の本質であり全ての作業完了なのだと思い込んでしまっている企業が多くある。
　どれだけの企業が，内部統制の整備・構築・運用を機に，社是のあり方や，社訓や行動規範について，全社的に時間と労力と社運をかけて議論して整備するところから内部統制対策に着手したのであろうか。ほとんどの企業は，そんな事はしていないのである。
　日本企業の多くが，社是や経営理念は，壁に毛筆体で書かれて豪華な額に入れて飾る「お飾り」で見栄えが良ければいい，という程度の意識しかもっていないように筆者は思える。
　社是や社訓や行動規範などは，収益をあげるための戦略や業務活動と，それらとコインの裏表の関係にある内部統制・リスク管理との２つを各事業体まで戦略の意思決定も内部統制の意思決定も貫き，判断の基準となる極めて重要なファクターなのである。しかし，多くの企業ではそのような意識はないようである。
　つまり，プランＡ，プランＢがあった場合，どちらがより自社の社是や経営理念等に合ったものかと言う検討が大切なのである。これが実はCOSO－ERMの基礎でもあるのだが，単に収益率だけで「じゃあ，プランＡの方が儲かるからプランＡを採用しよう」という，目先の儲け主義だけで意思決定してしまっている企業が多いことは残念である。
　昨今の偽装問題をはじめとする不祥事は，いかに社是に立ち返って意思決定できていないかという事の裏返しと見る事ができる。
　社是で，「最高の品質の商品を提供し，お客様の信頼を第一とする」というような旨を謳っていたなら，実際の戦略や個々の現場の業務においても，某菓子メーカーのような日付を偽装した「巻き直し」というような行動をとるには至れないはずなのだ。
　つまり，プランＡが偽装だが儲かる，プランＢは儲けはプランＡより低いが

第6講 「揺れる監査 躍るベンダー 戸惑う企業の三重奏」：仏作って魂入れずの内部統制オーケストラ

社是に合致して持続的発展を遂げられると言うような場合，違法な利益至上主義ではなく，特段の勇気を必要とするまでもなく，プランBを選ぶという意思決定が重要である。このごく当たり前にすべきことが当たり前にできていない日本企業の実態が，経営偽装として不祥事報道で明るみに出てきているのである。

## 内部統制対策でやたらと迷いが多い

そもそも，内部統制対応・リスク対策において，何をどこまでやればいいか悩んでいる企業が多いようである。これは，何も上場企業だけに限ったことではない。金融商品取引法における内部統制対応においても，会社法における内部統制対応においても，また，各種リスク対策においても，多くの企業で同様のことが見受けられることである。

本来，内部統制の本質をとらえ，日本版COSOモデルに沿っていれば，論理的なステップで整備・構築・運用できるのでいちいち迷う事はないのである。

日本版COSOモデルの各要素を，上の段から順に，つまり，統制環境～リスクの評価と対応～統制行為～情報と伝達～モニタリング～ITへの対応という順を追って内部統制・リスク対応を行っていれば，自然と何をどこまでやればいいか明らかになるのである。

それにも関わらず，多くの企業で，日本版COSOモデルを専門用語の暗記試験でも受験するかのように，多くの企業が，形式的な専門知識だけ覚えているだけで，日本版COSOモデルを実際に内部統制・リスク対応において活用できていないということがそういった迷いを生んでいる。

特に，「リスクの評価と対応」をなおざりにしている企業が目立つ。読者の中には，「いや，うちの会社は，ちゃんと監査法人やコンサルティング会社からもらったフォーマットでリスクの評価をしているよ」という方がいらっしゃるかもしれない。

確かに，そういった企業は，フォーマットのチェック項目への回答を埋めたのかもしれない。しかし，問題となるのは，形式だけ整えたのか，それとも，活きた内部統制リテラシーを獲得してフォーマットを日本版COSOモデルに沿って活用できているのかと言う差異である。

　本来の「リスクの評価と対応」を行っているとすれば，何をどこまでやればいいかという事でいちいち悩む必要はないのである。

　つまり，「この戦略や業務活動に対するリスクについては，リスクの影響度と発生可能性（頻度）から評価して，大したリスクとは見なせないので，リスクの対応としては，受容します。つまり，このポイントについては，既存の対応以外には，我が社は特段の対処を致しません」といったように，大胆という言葉さえ不要なくらい，自然とリスク対策を絞り込む事ができるはずなのである。

　念のため，リスクの対応について触れておくと，リスクの影響度（縦軸）と発生可能性（横軸）をとったリスク・マッピングから，重点統制ポイントを割り出した後に，4つの対応策がとられる事になる。

　その4つの対応策とは，受容（リスクを受け入れる），回避（そもそもリスクのある事をやらない，やっていたらやめる），低減（何らかの措置を講じて，影響度・発生可能性のいずれか，又は，両方を低くする），転嫁（例えば，保険をかけて，リスクが顕在化した際のダメージを転嫁する），という4つの対応の内から，各企業がリスクの対策を選べば良いだけなのである。

　筆者にとっては，多くの企業が内部統制対策で何をどこまでやればいいか悩むという事自体が理解しがたいものである。

　それよりも，何をどこまでやればいいかという事について悩んでいる企業は，社是・経営理念から始まる本来の内部統制対応をまっとうに行えていないといえる。

　即ち，内部統制の確立・充実へ向けて，監査のための監査対応として，内部統制対応における小手先の対策をとろうとすればするほど，内部統制が経営からかい離して，先に述べたSRB経営を崩壊させる方向へ加速し，各企業は自己

第6講 「揺れる監査 躍るベンダー 戸惑う企業の三重奏」：仏作って魂入れずの内部統制オーケストラ

矛盾と内部統制の形骸化を「積極的に」行おうとしている企業となっていくのである。

　読者諸氏におかれては，くれぐれも，内部統制の本質を見失わず，常に，基本に帰って，小手先ではないまっとうな内部統制の整備・構築・運用を心がけて頂きたい。本質を見失う経営は，もはや経営偽装だと筆者は常々思っている。

第7講

# 「専門家偽装」:「大学教授」という名の「重要な欠陥」

## ある学会での会合にて……

　筆者が理事を担当していたある学会の理事会にて，財務・会計部会を設立しようという話になった。その際，筆者は財務・会計という特定の狭い分野を部会にするよりも，昨今，企業不祥事やJ－SOX法対策や新会社法などで，企業経営において非常に重要で火急の問題となっている内部統制を研究できる場を設けるべきだと考えた。

　そこで，財務・会計に加えて戦略・業務活動の有効性・効率性とコンプライアンスと資産の保全をカバーできるSRB経営について研究する「内部統制部会」を立ち上げた方が良いと理事会で提案した。

　すると，理事会の審議・討議の場を通じて，大学教授の恐るべき実態が浮き彫りとなった。本講では，筆者がその際のお話をちょっとご紹介しようと思う。

　一般企業だけでなく，公共機関・行政（特に年金問題を抱えた社保庁）や，病院（医療過誤におけるコンプライアンスの重要性）などにおいても，各企業・各組織が火急かつ極めて重大な，様々な組織における多くの人々に関わる内部統制に関する研究の場を，学会における研究部会として新設する事案が，教授陣の猛反発にあって私を除く全員の否決により却下された。

　筆者が問題に思うのは，正当な内部統制の統制行為・プロセスによって，内

部統制部会新設の事案が否決・却下された事自体ではない。その議論の内容とその会合に参加・発言していた教授陣の,内部統制に対する意識・知識レベルが低すぎる事であった。

　ある高名な教授（その学会での理事）は筆者にこういい放った。その内容は,「内部統制なんていう単なる些細なトピックについての研究部会を新設するなんて事は,議論する価値のあるほどのものではない。内部統制という特殊論に興味のある学会員だけが,勝手に研究すればよい」との旨であった。

　また,別のある新任理事である教授が主張したのは,「内部統制なんてものは,財務・会計関連の学会で研究すれば良い事であって,経営に関する研究を行う我が学会でやる必要はない。戸村先生がどうしても内部統制の研究の場を設けたいのであれば,別の学会へ行ってやればいいじゃないか。」との旨であった。

　そのような発言に加え,また別の教授は,「学内でのセクハラ委員会がやっと立ち上がったと思ったら,内部統制の一環とやらで内部通報制度のホットラインが新設されてしまった。そのせいで,セクハラの通報がセクハラ委員会ではなく,ホットラインの窓口に勝手に通報されるようになって困っている。セクハラ委員会にいる私としては,セクハラ委員会の窓口ではなく,なんで勝手にホットラインを使ってセクハラ通報をするのかと腹立たしく,私は内部統制そのものに怒りと困惑を感じている。内部統制は物事を混乱させるやっかいなものであり,その内部統制を学会で部会として設置すると言う非常識な提案には全く賛同できない。」との旨であった。

　これらの教授は,内部統制そのものを全く誤解している。また,それらの教授が,内部統制について誤解しているとも無知であるとも気付かず,無知なるがゆえに暴論を正論として権威をもって述べていることは,筆者が痛ましく感じられた。

　そもそも,理事会は学会における内部統制の最高意思決定機関であり,筆者の提案に対する議論や意思決定自体が内部統制のひとつであることに気づいていない教授がほとんどであった。

　また,ある教授が主張したように,内部統制において重要な公益通報者保護

## 第7講 「専門家偽装」:「大学教授」という名の「重要な欠陥」

制度(内部通報制度・ホットライン)を批判し,私に怒りをぶつけてきたことは,教授という最高学府にある者として,可哀想なくらいみじめな方だと筆者は同情すら覚えた。公益通報者保護法上,セクハラ事案は必ずセクハラ委員会に報告する必要などどこにも定めていないし,公益通報者保護法の趣旨を理解していれば,セクハラ事案が解決されることを優先し,どこの窓口に通報されても,セクハラ被害を受けた被害者救済に全力を注ぐのが筋であることくらいは自明のことである。

更に,ある教授は私に向かってこう続けた。「うちの学会が,内部統制なんていうわけのわからない胡散臭いものを部会として取り上げている学会と外部に知れたら,外部の人から,『この学会は一体何を考えてこんなとんでもない部会を作ったのか』と,学会の資質を問われかねないではないか!」との旨の主張を述べられた。

それぞれの教授の発言に対して,私はめげる事無く,日本における内部統制研究の重要性や日本企業の実状において,内部統制を抜きにして経営行動を研究するのはもはや限界がある事や,大学におけるこれまでの「財務・会計の分野における監査論の一部として極めて限定的にのみ扱われてきた内部統制の扱われ方・捕らえられ方の問題点などを,「一般企業の常識」に基づいてご説明・ご説得してみた。

すると,ある教授が堰を切ったように口火を切り,「そもそも,我々が研究するべきものは,『○○論』と『論』と名の付くある確立したものをある確立したアプローチによって取り上げるべきだが,内部統制には体系的な確立したアプローチや『○○論』と呼べるものが何かあるかね?」との旨の問い返しを筆者にしてきた。

筆者は多くの企業や組織にとって役立つように,内部統制の基礎研究の積み上げにより,新たなアプローチを模索する開かれた内部統制研究の場・研究成果の共有の場・内部統制の普及啓発の場が必要である旨と,欧米での不正・不祥事対策研究や日本における日本版COSOモデルのお話などを返答してみた。

すると今度は,「内部統制というものを研究するには,全くをもって時期尚

早だし，戸村先生の発案は単に内部統制が流行しているから便乗して研究したいという便乗商法的に研究スタンスが流されているだけで，まっとうな研究者としてはナンセンスな姿勢である。」との旨の発言をする教授も現れた。

## 内部統制が内部統制によって否定される学術界の異常な常識とは

　最終的に，様々な教授が内部統制を研究することはナンセンスであるという意見に終始し，「そろそろ時間ですので，多数決で内部統制部会新設の事案を理事会決議します。賛成の方は挙手を……」との最高意思決定機関としての審判の時が訪れ，筆者以外の誰一人として挙手する教授はいなかった。もちろん，この審議自体は，この学会での内部統制における最高意思決定の機能を果たしているのにも関わらずである。

　筆者は，表現の自由や，学会のステークホルダー全般の知る権利と，内部統制の専門家としての良心に基づいてこのようなお話をご紹介している。

　これは何も特段の誇張ではなく紛れも無い事実のお話である。経営学や財務・会計やマネジメントなどをMBAのビジネススクールで教えているような教授陣も，「内部統制は議論するだけムダであり，学会としては取り上げるべきではない」との旨の結論を示してきた事に，私は大きな失望と共に，「大学教授」という名のJ－SOX法における「重要な欠陥」のような課題が学術界に渦巻いている事を発見するに至った。

　そして，何とも皮肉な事は，「広く門戸を開き，産学共に内部統制を普及啓発し研究する場を作って，様々な企業・組織・学術関係の方々のためにお役に立とう！」という筆者の発案が，学会における「最高意思決定機関の承認過程」という内部統制の統制行為・プロセスによって否決されたということである。学術界では，内部統制は内部統制によって否定されるという逆説的な憂いに，筆者は，審議後に，しばし天井を見上げてこう思った。

　「この経営行動を科学する，あるいは，経営の行動科学を研究するという学

第7講 「専門家偽装」:「大学教授」という名の「重要な欠陥」

会には，内部統制の開かれた研究の場を設ける事に意義を見出せる教授はいないのか……」と。

ふと，天井から目線を戻すと，ある教授と目が合った。アイコンタクトで私にそっと「私は戸村先生の事案の意義を認めるよ。でも，この雰囲気じゃあ，なかなか賛成として挙手しづらいなぁ……」といいたげな雰囲気を持った教授が1人だけいらっしゃった。

筆者は，心中，少しだけ「ああ，中にはまともな教授もまれにいるんだな」と思う瞬間があった。ちなみに，内部統制のCOSOモデルにおいて，1つ目の業務活動の有効性・効率性を高めるという目的があるという事や，COSO－ERMモデルに示されている，全社的リスクマネジメントにおいての経営戦略とリスク管理（従来のCOSOモデルで言う従来の「内部統制」）の一元管理が重要であるという事がはっきりしている中，この学会での会合では，「経営戦略部会」の新設だけはあっさりと可決されていたのであった。これは滑稽以外の何物でもない。

## 拙著『リスク過敏の内部統制はこう変える！』に書いた事……

恐らく，多くの大学教授という専門家は，必ずしも専門領域の実務が「できる」人ではなく，ただ，各自の専門領域の専門知識を「覚えている」，あるいは，他の人よりよく「知っている」人なのであろう。

筆者は，既刊の拙著や各種指導において，内部統制の知識を「知っている」とか「マニアックに覚える」事が大事ではなく，内部統制そのものやその問題・必要な対策を「読み解き」，内部統制を「活用する」・「使いこなす」事で，より効率的かつ効果的に内部統制対策を主体的に実践「できる」能力である「内部統制リテラシー」を獲得し活かすことが大事だと繰り返し説いてきた。

また，内部統制は何も財務・会計の分野における監査論のごく一部だけのお話や特殊なテーマではない。

昨今，人事関連において重要課題になっているワークライフバランスですら，2008年3月1日施行の労働契約法により，日本版COSOモデルの3つ目の目的であるコンプライアンス（法令遵守）の問題になったのである（労働契約法の条文にワークライフバランスを実現するよう図る必要がある事が明記されているのである）。

　当たり前の事を当たり前に説く内容のひとつひとつが，大学教授の集まる会合では全くの非常識であるという事も，少しだけだが触れておいた。

　筆者は，おそらく，件の教授が読んでも全く理解できない内容だろうと思ってみるのであるが，少なくとも，本書の読者にとっては，ごく当然の事をあるがままに書いてある書籍であると筆者は思っている。

　筆者は，企業内研修を担当する際も，コンサルティングを行う際も，時間と指導先企業の都合が許す限り，会議室でのやりとりだけではなく，企業の現場を見せてもらうようにしている。

　筆者の指導先で，ある製造業のある最大手企業では，筆者が東京から四日市のコンビナートまで出向き，工場の製造ラインをヘルメットをかぶって案内してもらった事もあった。

　同じくサービス業のある企業では，筆者が入室許可されるエリアまでオフィス内に入らせてもらい，職場に貼ってある張り紙のスローガンや机に向かっている職員の方の表情・雰囲気や，その机の上においてある私物のクマのぬいぐるみまで，その企業の方がどんな雰囲気で働いていて，どんな気持ちで研修やコンサルティングのアドバイスに耳を傾けられるのかについて，筆者は可能な限り事前に踏まえておくようにしている。

　現場を知らねば，どれほど崇高なアドバイスも，単なる画餅となる可能性が常にあると，筆者は自ら戒めている。

　その筆者が書いた本講書と既刊の拙著をご覧頂き，是非，読者諸氏から，ここでご紹介したような学術界の常識が正しいのか，それとも，筆者の主張が少しは妥当なものなのかについて意見を頂けたら幸いである。

## 第8講

# 「見える化」から「見せる化」へ

## 内部統制の「見える化」のワナ

　上場企業とその重要なグループ内会社を中心に，内部統制の文書化3点セットという，コストばかりがかさんで仏作って魂入れずの状態である「魔の内部統制の文書化」が進み，一見して，各社で内部統制の「見える化」（業務の可視化）が進んで，透明性のある経営ができているように思ってしまっている企業が多くある。

　経営者も内部統制推進者も監査法人も，魔の内部統制の文書化を経て内部統制報告書を提出する事で，企業経営が健全な内部統制の下で進んでいくようになると誤解あるいは偽装しているといっても過言ではない。

　しかし，文書化でも規程類の策定でも，はたまた，ありきたりの専門用語解説型の内部統制研修を幾度こなしても，経営の透明性が高まり健全な内部統制が現場の末端まで浸透するとは限らないし，却って，形式ばかりの内部統制対策に辟易した現場従業員の，経営の健全化に対するモチベーションが下がってしまっているのが現状である。

　内部統制の目的の1つに「業務活動の有効性・効率性を高める」という目的があるにも関わらず，魔の内部統制の文書化を中心とした，形式主義礼賛型の内部統制を強化しようとしたために，却って，内部統制を強化しようとすれば

するほど，現場を含めた全社の内部統制レベルが低下する皮肉なワナにはまってしまっている企業が多い。

極論すれば，今の多くの企業における内部統制対策は，日本語教育に例えれば，やたらと難しい漢字はたくさん覚えているものの，いざ，「じゃあ，その漢字を使って作文や読解してごらん」と言われると，一行すらまともに作文・読解できない教育や諸施策を施しているようなものなのである。

内部統制対策において大切なのは，見栄えの良さや覚えている難しい漢字の数ではなく，これまた日本語教育に例えれば，覚えているのは簡単な漢字であっても自社の主張・内部統制の論理付けをもって自主的に作文・読解できる能力，即ち，内部統制リテラシーなのである。

## 「見える化」＋「説明責任」＝「見せる化」へ

見える化は確かに重要な側面を持っているが，それは，あくまでも，企業の社内外に対する説明責任を果たす上での第一歩として重要であると言う事に留意すべきである。

また，内部統制の諸施策や教育・研修の回数それ自体が重要なのではなく，いかにそれらの内容が現場従業員に理解・浸透され，明確に内部統制に対する意識を持って日常業務における意識面・行動面の変革がもたらされたかが重要なのである。

いくら見える化を進めても，極端な話として，それだけでは自社の人間が自社の経営状況を把握するだけの自己満足にしか過ぎないことである。

では，どうすればいいのかと言う事になるが，筆者が日本初で開発した内部統制意識調査『内部統制＆リスクマネジメント健診』のようなものを活用した，意識面・実践面の双方で内部統制の理解度・実践度を，全社・各部門・各子会社や職位ごとに現状把握し，同意識調査のフィードバック・コメントに基づく内部統制の改善に着手する事が大切である。もちろん，他の調査でも良い。

第8講 「見える化」から「見せる化」へ

　このような日本初の日本版COSOモデルに完全準拠した内部統制意識調査は，新会社法における広範な内部統制の要求に対して，各企業の内部統制の現状・理解度・行動適性面を数値データで把握し，日本版COSOモデルの4つの目的と6つの要素からなる24マスのマトリクス上で，各マスを赤・青・黄色の信号色にて問題ポイントを一目瞭然に示し出すのである。

　経年比較を行えば，毎年，とかく内部統制の成熟度が明確化されにくい中で，各社・各部門・各階層で内部統制がどれくらいの進展・退化をしているかを継続的に把握できるようになる。

　多くのJ－SOX対象外の非上場企業や，また，原則として財務報告の信頼性を高める目的だけを対象にしているJ－SOX対象企業は，会社法に基づく内部統制（4つの目的と6つの構成要素を広くカバーするもの）において，何をどこまでやればいいかというガイドラインや目安がなく，内部統制の充実を目指す各地の健全な企業ほど内部統制対策に頭を悩ませている。

　このような内部統制意識調査を用いれば，多くの企業が，下記のような点で内部統制対応を行いやすくなるのである。

① 自社の内部統制の現状を数値データで把握できて，社内外への内部統制の現状について，説明責任を第三者の調査機関によるレポートを基に果たしやすくなる

② 日本版COSOモデルの24マスのマトリクス上で，どのマスが赤・青・黄色なのか，つまり，どこが赤色表示された重点的かつ火急に対策が必要なポイントなのかを把握できる

③ 把握した重点的かつ火急に対策が必要なポイントに対して，フィードバックされる課題と対策に基づいて，コンサルタントを雇わなくても自社でまず何をどこからどこまでやればいいかがわかる

④ 形式的な研修だけでは得られない現場での内部統制の適用・応用において，各社員がどのくらい理解・意識・実践できているかを把握する事ができる（つまり，研修を何回やったから良いという話ではなく，受講した研修をどれくらい現場の日常で理解・適用・応用できているかを意識面・行動面から捕捉する）

⑤　企業における内部統制対策の意思決定を強力にサポートする情報活用ツールとなる

　この内部統制意識調査は，筆者が全国各地でコンサルティング・内部統制相談業務や様々な専門家・実務家との意見交換の中で，確たる内部統制に取り組む拠り所がなくて困っている企業の多さに唖然とし，開発してきたものである。簡単なアウトプット例としては，次のような図となる。

**日本版ＣＯＳＯモデルに完全準拠した５点満点スケールでのアウトプット例**

| | | 業務活動業務の有効性・効率性 | 財務報告の信頼性 | 法令遵守 | 資産の保全 |
|---|---|---|---|---|---|
| 統制環境 | 認識 | 3.63 | 2.54 | 3.71 | 2.54 |
| | 実践 | 3.00 | 2.17 | 3.63 | 2.83 |
| リスク管理 | 認識 | 3.04 | 2.25 | 3.08 | 2.83 |
| | 実践 | 3.57 | 2.04 | 2.71 | 2.58 |
| 統制活動 | 認識 | 3.79 | 3.00 | 3.02 | 3.38 |
| | 実践 | 2.92 | 2.92 | 3.42 | 3.29 |
| 情報と伝達 | 認識 | 4.29 | 2.88 | 2.50 | 2.33 |
| | 実践 | 3.83 | 2.71 | 2.17 | 2.46 |
| モニタリング | 認識 | 3.67 | 3.13 | 2.46 | 2.75 |
| | 実践 | 3.58 | 2.58 | 2.46 | 2.79 |
| ＩＴへの対応 | 認識 | 3.04 | 2.67 | 3.21 | 3.17 |
| | 実践 | 3.42 | 2.79 | 3.38 | 3.21 |

　上記アウトプットでは，24マスの内部統制対策ポイントにおいて，認識と実践に分けて表示している。このようなアウトプットを基に，下記（一例）のような現状把握・課題・解決方法をフィードバックするのである。

| 現　状 現状の弱み 上位5項目（MAX） | | 課　題 予測されるリスク （緊急性・重要性） | 解決方法 課題解決のための アクション |
|---|---|---|---|
| ① | リスク管理 （実　践） 財務関連 | 不正経理・粉飾決算対策 | 従業員による売上金の着服・横領や水増し決算による社会的信用の失墜の可能性（緊急度：高）（…以下省略） | 資金取扱い時における職務分掌の徹底（職責分担表の作成から整備・実践）による財務管理体制の確立が急務です。（…以下省略） |

　低コストでの内部統制意識調査では，高額のコンサルタントをわざわざ雇わなくとも，分析と基本コメントまでフィードバックするので，各社で主体的に取り組むポイントを把握できる。

　また，オプションでは，筆者がアドバイザリー・ノートとして，企業へのヒアリングを通じてより詳細な観点から，より重点的に取り組むべき課題やアプローチ方法等をレポートするようになっている。

　それでも自社単独での取り組みに不安があれば，そこで初めてコンサルティングを受ければ良いようになっている。

　教育・研修についても，オプションでも単独でも対応可能となっている。2008年6月6日の毎日新聞全国版でもこの調査について取材記事が掲載され，各方面で話題となった。筆者は評論だけでなく，具体的解決手法も開発・ご提供している。

　もちろん，他の調査ツールでも，コンプライアンス調査や心理学を用いた調査が出回っているが，難点は，日本版COSOモデルに完全準拠していないことと，質問項目がある特定の分野に偏っていることである。

## 内部統制意識調査の活用シーン

　この内部統制意識調査が有効であると想定されるシーンとしては，次のような場面が考えられる。①様々な企業不祥事後の企業健全化プログラムの見せる

化ツールとして，②J－SOX法に基づく内部統制には対応しているものの，新会社法の広範な内部統制要求に対応するためのJ－SOX対象企業各社の現状把握と重点的統制における諸施策策定での意思決定支援ツールとして，③株主総会における経営陣の善管注意義務の履行を裏付けるデータ収集ツール等として，内部統制意識調査が環境適応志向で内部自治的な内部統制対応において活用されると良い。

　もちろん，様々な企業で「社外の目」を入れて経営の透明性を高める社外取締役・社外監査役の登用や第三者委員会の設置が進んでいるが，それらも提供サービスに含めつつ，それらがなかったとしても，第三者による詳細な調査結果のレポートと言う形で迅速かつ全社的広範なカバーができる「社外の目」となる調査ツールとしても有益である。

　先日，筆者がある大手シンクタンクのコンサルタントと意見交換してきた。彼ら彼女らがよくやる口八丁・あら捜しでクライアントの気づいていなかったリスクを大げさに指摘して金をふんだくる（とそのコンサルタントはいっていた），というようなやり方で，もっともらしくその場その場で経営陣を説得して金を払わせれば，「偉いコンサルタント様」が御社のより良い長期的観点からのアドバイスをくれるという。

　本書読者諸氏は，そのような妄想を捨て，自社主体で内部統制意識調査ツールを活用して，本当に重要なポイントを重点的に対応して低コストで内部統制対応をしなければ，内部統制はいつまでたってもコンサルタントたちの格好の商売道具にしかならないのではないかと危惧している。

　もちろん，良心的なコンサルタントも中にはいるが，大手の「優秀な」コンサルタントであればあるほど，彼ら彼女らの本音トークからは，内部統制が金儲けの道具としてしか見つめられていないように思えて仕方ない。

　読者諸氏は，このような細かい事を理路整然と説得し，見つめているのは御社の健全な未来ではなく御社の財布の中身であるようなコンサルタントやコンサルティング企業の経営偽装を，間違っても「優秀」や「頼りがいのある企業」であると見間違えることがないように注意して頂きたい。

### 第9講

# 「J-SOX偽装」の大流行

## J-SOX対象企業・監査法人＆コンサルティング会社・金融庁の偽装の嵐

　J-SOX対策はまだまだ対応初期ということもあり，確かに混迷を極めているために手探りで進めざるを得ない面はあり得る。

　しかし，あまりにも多くの企業や，指導側である監査法人のアドバイザリー・サービス要員及びコンサルタントや，金融庁が，J-SOXの本来のあり方から大きく乖離して，もはや，「J-SOX偽装」と呼んだ方が良いほどの残念な状況が各地で散見される。

　正確には，J-SOX偽装状態であることすらわからず，「ウチのどこが悪いんだ？」と内部統制の脳内麻酔にかかっているかのような経営者や担当者等が多いように思われる。そこで，本講は3者3様のJ-SOX偽装について述べる。

## J-SOX対象企業のJ-SOX偽装

　J-SOX対象企業の中には，ある意味で，指導される側の被害者のような面がある。しかし，残念ながら自主的な（勝手で曲解した）判断で内部統制における偽装状態を招いている企業が散見される。

例えば，J-SOX対策では，US-SOXとは違い，各企業が自社内で独立性・客観性を持った評価者が内部統制の有効性評価を行わなければならない。

担当の監査法人としては，その会社が行った内部統制の評価方法が正しかったかどうかを外部から監査し，監査法人が直接的に社内に入り込んでその会社に代わってテスト・有効性評価することなく判断する以外には，内部統制監査の方法はない。

その中で，企業側が，内部統制の構築を担当する内部統制推進チームによって「自分で作った内部統制を自分で評価する」というような，社内の独立性・客観性を保てていない状態で，運用テスト・有効性評価を行ってしまっている実態がある。

中には，監査部や監査役が内部統制推進チームに混じって内部統制の構築に積極的な関与をしながらも，自分たちはあくまでも独立した部署にいると勘違いして運用テスト・有効性評価を行い，監査法人には内部監査部が独立的に評価した旨伝えている企業がある。

飛騨牛の偽装表示事件ではないが，自分たちで独立性・客観性を持った第三者審査機関（内部統制構築とは別部隊）のお墨付きがある「内部統制有効」のラベルを偽装してペタッと貼って，内部統制に関する書類を監査法人に「出荷」しているようなJ-SOX偽装である。

また，運用テストにおいて，自社にとって都合が悪いと思えるものでも，内部統制上の問題点が出てくれば，当然ながら，各企業がテスト結果においてあるがままに，正直に正確な結果を正式に記入して再テストをするのが正統な流れである。

しかし，ある企業は，「このテストは無かった事にして別のサンプル・対象でやり直そう」として，無作為抽出のサンプルではない恣意的なサンプル抽出をしている。

内部統制のテスト結果を，自社にとって「都合の良い記述に書き換えるということをやって何か問題があるんですか？　それが賢い内部統制対応ではないのですか？」という姿勢の企業担当者がいるのも，筆者が全国各地で見てきた

実態だ。

　そのような企業は，内部統制の整備状況の評価として，ウォークスルーを面倒だし手間がかかるからやらなかったため，「運用テストまで問題に気づかなかっただけだから，内部統制のテスト過程でデータを"修正"してもいいじゃないか」という安易な対応をとることもあった。

　J－SOX対象企業の中には，1回目の仮想監査（ドライラン）における監査法人からの指摘事項に対して，お金がかかるからと一切対応・改善しなかったため，2回目のドライランで，監査法人がドライランを途中で打ち切ってさじを投げたケースがあった。

　この企業の内部統制責任者は，1日やそこらのJ－SOX対策セミナーに出席していたのだが，「あのセミナーでは監査法人が指摘したことに触れていなかったので，そこまでやら無くても良いということである」と，短期間の公開型セミナーという限られた情報発信しかできない場で触れられなかった指摘事項，イコール，研修で触れられなかったのだから監査法人からのこの指摘はJ－SOX対策としてやらなくても良い，という曲解を根拠にしていた。

　監査法人からのまっとうな内部統制の指摘事項には内部統制改善の対応を一切せず，「ウチの部署では他社ほどコストをかけずに済ませています」ということを経営陣に報告して，経営陣に実情を知らせることなくほめられて喜んでいるような内部統制担当の部長がいたのである。

　これでまっとうな内部統制が構築・運用・評価できるのかと非常に危惧される。ちなみに，その企業におけるEDINETに公開された内部統制報告書では，内部統制は有効である旨の記載がされており，実態を知る筆者としては，この企業がJ－SOX偽装を行ったと思われる次第である。

# 監査法人＆コンサルティング会社の
# J－SOX偽装

　監査法人の提供するアドバイザリー・サービス担当者にしても，コンサルティング会社の内部統制コンサルタントにしても，多くの企業がほとんど満足できていないようである。

　その不満は，やたらと細かいリスクをあげつらうように指摘する一方で，その対策について助言を求めると，「わかりません」といった対応しかできない「解決策なき傍観者的な批判家」アドバイザー＆コンサルタントが引き起こす，「内部統制の指導者・助言者に対する信頼感の破壊」によるものである。

　筆者は，ある企業にお願いして，アドバイザリー・サービス担当会計士との議事録をとってもらった。その議事録では，そのアドバイザリー・サービス担当会計士が，企業側に過大な要求と監査対応コストを提示する割に，その議事録において，企業側からの質問に対して，その会計士の「わかりません」という回答ばかりが並んでいた。結局，筆者が提案し，担当監査法人を中堅監査法人に変更してもらうことにした。また，その会計士は，正当に記録された議事録への押印・サインを拒否した。筆者が思うに，その会計士は，自らの至らなさを露呈するような議事録で，言質をとられるのが怖かったのであろう。

　これで何がアドバイザリー・サービスなのか，筆者にはまったく理解不能である。一方の内部統制コンサルタントはといえば，こちらも解決策を持ち合わせていない。

　更に，解決策を持ち合わせていないだけでなく，解決策らしきITツールを導入させる者に至っては，「J－SOXコンサルティング偽装」のような行動をとる者もいる。

　いずれも，フォーマットに沿って記入事項を書き込んでいくと，一見してそれらしくJ－SOX対応をしているように見える見掛け倒しのフォーマット類の紙爆弾だけは，膨大に持って企業にやってくるのだった。

　筆者からすれば，監査法人のアドバイザリー・サービスも内部統制コンサル

タントも，フォーマットにかかる書類代だけだったらいくらなのか聞きたくなる。

つまり，「ろくに内部統制の指導をできないのだから，書類代だけ払うのでもう来ないでくれ。あとは自分でやった方がずっとましだ」という感情すら抱きたくなるのは，果たして筆者だけだろうか。

更に悪いことに，監査法人の身勝手なJ－SOX偽装が起こった。ある監査人は，内部統制の構築において，ＩＴ統制で９分野を全てチェックしなければ監査に通しようがないと重要な指摘として述べながら，いざ，本番監査に向けて協議をしていると，こちら（監査法人側）としては忙しいから，ＩＴの９分野の中で１分野だけはチェックすることにしますといってきた。

監査法人側の都合だけで企業側にいい加減な監査サービスを行いつつある。

また，驚くべきことに，ある監査人に至っては，ある企業において，「御社の初年度のＩＴ統制は，どれだけやっても最初からバツをつけます」と公言してはばからないケースもあった。

何の根拠をもってＩＴ統制をいくらがんばって挽回しても初年度はＩＴ統制対応の有無・成否に関わらず監査意見として不適合を出せるのか，著者には全く理解できない。

これはあくまでも著者の私見に基づく「邪推」程度のものとしてのお話として書いておくが，次の３点についての疑義を抱いてしまいかねない：①その監査人がＩＴ統制をろくに理解していないから監査のしようがないし無限定適正意見や限定付適正意見を出して訴訟リスクを負うのがイヤだという身勝手な監査法人の論理，②その監査人が薦めたＩＴコンサルタント（紹介料としてリベートをもらえるはずだった）を雇わなかったことへの意趣返し，③その監査人がその企業がＩＴ統制で重要な欠陥を指摘する一方で，インサイダー取引を目論んでいるのではないかという「空想」。

これら３つのポイントは，残念ながら，どの３大監査法人から中堅・中小の監査法人のいずれの監査法人でも起こる可能性を否定しきれない現状にある。

## 金融庁のJ－SOX偽装

　さて，よく現場で不満を持たれがちなのは監査法人とコンサルタントであるが，金融庁もJ－SOX偽装に加担している面が鮮明になってきた。

　その一端が，投資家保護を「錦の御旗」にして導入したJ－SOXにおいて，「内部統制報告書で重要な欠陥や不備という記述があると，あまり内部統制に理解の無い投資家はすぐにそれが粉飾決算を意味すると誤解してしまいかねない」といういい加減な理由で，内部統制報告書は即時開示しなくて良い，というおかしな見解・方針を出してしまった点にある。

　そもそも，そのような誤解が大きな問題を引き起こすのであれば，それだけ国民や一般投資家に重大な影響があるということであるから，金融庁は一般個人投資家を含めた内部統制啓発キャンペーンを行っておくようなことが必要であった。

　しかし，金融庁がそんなことはほとんど行っていないといっても過言ではない。裁判員制度では，啓発キャンペーンや啓発チラシや啓発ポスターを張り出したりして，より多くの方々に裁判員制度の理解を進めてきたが，内部統制報告制度では，そのようなものはほとんど見たことが無い。

　大した努力もせず，あたかも一般庶民には内部統制という金融庁エリートが格闘して理解しきれないでいる崇高なものはわからなくて当然である，というような勝手な都合を金融庁は世間に強いたといって良い。

　金融庁は，自らの都合といい加減な判断で，内部統制報告内容を即時開示を求めなくするような，投資家の判断に必要でかつ非常に重要な内部統制に関する情報を，わざわざ遅れて開示してもいいということにしてしまったのである。当初の「投資家保護の錦の御旗」を汚してしまった。

　金融庁へのJ－SOXに関する周りからの矛先をかわしたいだけの日和見行政は，J－SOX偽装に値するものと大いに「賞賛」したいと思う。

　更に，各企業におけるJ－SOX偽装状態を後押しするかのような，金融庁が

第9講 「J－SOX偽装」の大流行

公表した「内部統制に関する11の誤解」や「追加Q＆A集」等に至っては，内部統制における大前提の部分を書かず，一見すると簡単に対応すればいいだけであると思わせ込むような，実態に即さない不十分な文書を金融庁が公式に出してしまった。

　金融庁は，各企業の内部統制担当者を更なる混迷に突き落としてJ－SOX偽装状態を招く原因を作ってしまったのである。

　政治家の常套文句として「前向きに検討します」とか「善処します」などというものがあるが，金融庁は，上記の書類等では，「～に応じて適切に対処する」というような文言や言い逃れに近い表現を華麗に踊らせている。

　企業側としては，「だから，その適切って何なんだよ？」と憤慨するのも無理はない。しかし，我々がいくら金融庁に期待しても無理である。

　そもそも，金融庁側は，企業の実態を理解できていない中で，J－SOXとはかくあるべし，というJ－SOX偽装の音頭をとっているのであるからである。

　しかし，見方を変えれば，企業の実態もよく理解しないながらも，J－SOXなんてよく管轄できるもんだなぁと，これまた，筆者は無知なる金融庁の類まれなる「優秀さ」に「脱帽」である。

## J－SOX偽装パンデミック時代を生きる……

　パンデミックとは，新型インフルエンザ対策にとりかかっている企業・研究者であればおなじみであるが，感染症の大流行というような意味がある。

　「J－SOX偽装菌」も，どこで発生したかは別として，各地で大流行している。その多くは自覚症状がなく感染力が非常に強いという問題点がある。

　US－SOX経験という免疫を体得したと自負するコンサルタントたちは，US－SOX病とでも言えるようなリスクの網羅性にあまりにも偏りすぎた対応をして，内部統制対応にあたる企業を混乱に陥れてしまっていた。では，果たして誰が「完全なる健康体」なのであろうか。

筆者であっても,「完全なる健康体」ではないのかもしれない。ただ,少なくとも,筆者は比較級で言えば胡散臭いアドバイザーやコンサルタントたちよりもはるかに「健康体」ではないかと思っている。
　読者諸氏においては,優秀でなくても,手作り感のあふれていて見てくれが悪いものであっても,自社がより健全でより良識あるアドバイスや解決策への導きを得て,まっとうなJ－SOX・内部統制対策を進めて頂きたい。

**第10講**

# 内部統制の認知療法・行動療法

## 形式・行動から入るものの、根付かない内部統制

　心理学的な療法として、行動を変えることで認知・心理に影響を及ぼして物事を改善するアプローチに行動療法というものがある。また、その逆に、認知・認識を変えることで行動を改善するアプローチの認知療法というものがある。

　誤解を恐れずに平たく言えば、スキーをはじめるのに、かっこいいウエアや高級なスキー板を揃えて「形」から入る（形式を整えて認知・認識を変え、「さあ、今からスキーの上達に励むぞ！」という意識変革を及ぼす）ようなものが行動療法である。一方、認知療法はまず「形」より高い意識を持つことからはじめるようなものである。

　確かに、心理療法としては２つのアプローチがあり、J−SOX・内部統制においても、内部統制の文書化３点セットや規程類や申請・承認手続きなどの形式から整えて、内部統制の意識を高めるというアプローチがあっても、行動療法的にはまったく構わない。

　逆に、形式以前に、まず内部統制教育からはじめて高い意識を醸成した後に形式を整えるアプローチ（筆者はどちらかというと、現状では、意識・心理面をまず重視している）があっても、これも認知療法的にはまったく構わない。

内部統制対応の初期においては，どっちつかずで，あたふたしているくらいなら，まずは，「やってみる」ということで，J－SOX・内部統制の形式・行動からはじめてみるのは，J－SOX対策の初期（2006年～2008年初期）にはある程度の意義はあった。
　しかし，全国の多くの企業で見受けられる現在の大きな問題は，形式だけ整えて中身を十分に理解し納得感をもって心理的な改善を経た上で，J－SOX・内部統制対応に真摯に取り組む（行動の改善）ことなく，「仏作って魂入れず」のJ－SOX・内部統制対策だけで終わってしまう（望ましくない行動を招いている）ことである。
　そればかりか，行き当たりばったりのJ－SOX・内部統制対策の実施（行動）だけで，内部統制対応を進めれば進める程に，却って，「J－SOX・内部統制は面倒なだけだ」とか，「無駄な労力（行動）をさせられているだけだ」等といった認識（認知）をもって，やらされ感ばかりが募り，J－SOX・内部統制対策の強化を契機にモチベーションやメンタルヘルス低下による好ましくない結果（行動）ばかりが生み出される「内部統制の負の認知スパイラル」に陥ることが見受けられる。
　日本版COSOモデルにもあるように，業務活動の有効性・効率性を高めることが内部統制の目的としてあるにも関わらず，内部統制を強化すればするほど，モチベーション低下で業務の有効性・効率性が低下し，リスク過敏な対応で重厚化した内部統制の過剰な対応によって，業務活動は，一層，非効率的になってしまっている企業がある。
　そこで，統制環境の醸成においても，やらされ感の払拭と納得感への認知・認識変革においても，人の心にダイレクトに働きかける内部統制教育が今後より一層重要になるのである。
　ちなみに，昨今，認知療法と行動療法を併せた認知行動療法が盛んであるが，内部統制・リスク対応においても，認知面と行動面の調和が必要だといえよう。

第10講 内部統制の認知療法・行動療法

## 形式的な内部統制教育という形式主義の強化・再生産

　確かに，形式だけ整えれば監査に通り法律上の問題はクリアできるかもしれない。しかし，J−SOX・内部統制は形式だけを整えることを目的としているのではなく，経営のプロセスを健全化することを目的としているのである。

　同じ「利益を上げる」という行動においても，「違法に」利益を上げる方向へ導くのではなく，「健全に」利益を上げる方向に経営陣や従業員を導き，内部統制という仕組み・プロセスによって各従業員が内部統制の必要性や重要性を理解し納得した上で仕事をする（行動する）必要がある。

　そこで，まずは，内部統制を「理解させよう」として，内部統制推進チームが「力を込めて」作ったテキストやe−learning教材で内部統制教育を進めるものの，その教育自体が形式的に教育されている。そのため，却って，受講者のマイナスの認知が強化・再生産されてしまっている企業が多い。

　内部統制の担当講師の中にも，ハウ・ツーばかりが先行し，受講生の腑に落ちないものの，形式的な知識詰め込み教育を施す者が多くはびこっている。

　既に述べたような日本語教育の例えを出せば，難しい漢字をたくさん暗記させる教育を施すだけで，その漢字を使って作文（ここでは自社における内部統制のロジックや主張できる力）できない社員ばかりを，内部統制推進チームの思い込みや担当講師の力量不足による形式主義という「金型」で，社員の脳内に内部統制アレルギーを大量生産しているような企業や担当講師が多い。

　そのような内部統制教育では，「内部統制リテラシー」による読解力（ここでは内部統制を読み解く力である）も作文能力（ここでは，協議の場で監査法人に自社の内部統制ロジックや施策の有効性を主張する力や，様々なステークホルダーに自社の内部統制の健全性における説明責任を果たす力）も育たないため，監査法人対応にもてこずるし，形式が整っていて専門用語は理解できても，健全な内部統制を推進・実践できないでいる者が多く輩出されてしまうことになる。

　筆者はこれまでも声高にいっていたことだが，現在，特に重要なのは，認

知・行動療法としてバランスを欠いている認知療法的なアプローチとしての，内部統制に対する認知・認識の望ましい方向への改善である。

## ❙ J－SOX・内部統制とは，つまるところ，教育問題であるということ

　内部統制の教育としてより重要なのは，難しい漢字をたくさん暗記することを競うのではなく，やさしい漢字でも構わないから読解力（内部統制を読み解く力）と作文能力（自社の内部統制ロジックについて社内外に説明責任を果たせる力）の双方を備えた内部統制リテラシーを養うことである。

　文書化された業務処理統制におけるキー・コントロールの有効性評価には現われてこない，内部統制の地頭力のようなものが重要なのである。

　何回・何名に形式的な内部統制教育を施したかという形式的な教育記録が重要なのではない。定期的な読解力と作文能力を養う内部統制教育によって，どのくらい内部統制を理解し，内部統制の本質が社内でどのくらい浸透し，認知・認識の変革・改善の結果として，どの程度，日々の行動として内部統制が健全に実践されているかということの方がはるかに重要である。もし，そうならなければ，立派な形式だけはあるものの，内部統制が実際には機能していない経営偽装，あるいは，内部統制偽装と呼ぶべき状態になってしまう。

　実際の行動の改善につながらない内部統制教育は，いくら内部統制推進チームや経営者が「力を込めて」実施しても，受講者にはまったくその「力が伝わらない」のである（「力を込めること」と「伝えたい力が十分伝わること」とはまったく別物である）。

　同様に，いくら力を込めて作成した規程類や文書類を山のように積み上げても，各社員の内部統制に対する望ましい認知・認識がなければ，まったく力の伝わらない紙爆弾であるばかりか，「一応作ったものの，無視してもいいもの」という誤った認知・認識の助長によるダブルスタンダード（法対応のためにとりあえず作っておけば良い書類やステップであり，実際の業務ではまったくといっていい

ほど気にかけず、旧態依然とした内部統制に対する認知・認識で仕事（行動）をしてしまう状態）を招く「内部統制における逆機能」が促進されてしまいかねない。

　筆者は別に、日本の教育問題のように、内部統制にいわゆる「ゆとり教育」という極端な反動を求めているのではないし、詰込み型教育への固執を促しているわけでもない。また、歌舞伎や茶道における「形式」や「型」を学ぶことの重要性のようなものを全否定しているわけでもない。

　では、筆者は一体何を求めているかと言えば、内部統制における形式や型を備える行動において、その形式や型の意味や重要性を社内のより多くの方々に理解してもらえる、形式・型と、本質・内容のバランスがとれた（認知・行動の望ましい相互作用をもった認知療法的な要素と行動療法的な要素のバランスのある認知行動療法的な）教育を求めているのである。

　冒頭に、筆者は主に内部統制教育においては認知療法的なアプローチをとっていると述べたが、これは、現状があまりにも形式主義的（あるいは形骸化を招く）な教育に終始しているため、そのバランスをとるために、認知療法的なアプローチを状況に応じて比較的多く用いているということなのである。

　筆者は、自社の内部統制について「自ら問題は何かについて考え、また、自ら内部統制上の問題を設定し、それに自ら自社に合った内部統制の答えを見つける」というより、むしろ、「内部統制の思考停止」状態で、文書化の形式・型をコピー＆ペーストしておけば「内部統制対策」が形式的に完了するからそれだけで良いという、誤った内部統制対応への警鐘を鳴らし続けてきているのである。

## 内部統制の思考停止や過剰なＩＴ投資からの脱却

　思考停止状態の内部統制対策においては、決して、「攻めの内部統制」や「内部統制を通じた企業価値向上」などはあり得ない。

　内部統制対応において、ITの活用を進めるのも、何かITツールという「内

部統制の魔法の杖」という無機質な妄想にすがるために行うのではない。

　内部統制におけるIT活用は，内部統制における思考やリスク管理における意思決定を十分に行うために，思考停止状態から脱して考え抜く時間や，内部統制の意思決定における検討に費やす時間を割くために，単純作業や手作業では時間・労力だけが浪費される状況から脱するためや，手作業で対応するよりも無作為テスト・改ざんリスク・効率性の観点からより望ましい統制を行うために，人間にしかできない自社の内部統制について考えぬく時間・労力を確保する目的を第一義として行うのである。

　このようなことを念頭に，内部統制教育を行わなければ，単なる専門用語の羅列や「内部統制の本質」と題した形式主義的な知識の移植手術（研修）の乱発に終始しかねない恐れがある。

　読者諸氏におかれては，内部統制において，楽をしようとする形式主義的な教育の産物としての過剰投資や錯綜を避け，まっとうな内部統制対応を進められるようにくれぐれも留意されたい。

第11講

# 謝れない企業に内部統制なし

## 失敗・ミスに対して
## 正直に謝れるかどうかが勝負

　筆者は内部統制やJ－SOX対策において，何も難しいことを難しくやるよう指導していない。筆者は，むしろ，至極シンプルに「当たり前のことを当たり前にする」ということが重要だということを常々申し上げている。

　例えば，職場の張り紙で「室内禁煙」と書いてあれば，そこで喫煙せず喫煙ルームでタバコを吸えばいいだけの話である。また，規程や内規があれば，それらに従って運用・作業すればいいだけの話である。

　しかしながら，多くの企業では，規程や内規を立派に作っていても，それらに従って実践しようとしない経営偽装の実態が散見される。

　これは，規程や内規だけでなく，もっと根源的には，失敗やミスを犯してしまった際にどれだけ「当たり前のことを当たり前に」対応できるかが内部統制制度の構築・運用の以前に重要であると思っている。このことは，統制環境の崩壊に関わる重要なことである。

　例えば，次のようなケースでも，「当たり前のことを当たり前に」対応できるかが，内部統制における統制環境の崩壊の有無として問われている。

　さて，そのケースとは，実際に筆者が，今，原稿を書いているホテルでのことだ。某企業の基調講演のため，仙台に出張して前泊した東急系のホテルの実

例である。

　ビジネスエグゼクティブプランという，いかにもサービス・接客が良さそうな宿泊プランで筆者は宿泊した。気分良く翌日の講演をこなすため，通常プランより良い，つまり，高いプランを筆者は選んだ。

　到着したフロントでの受付では，さほど問題はなかったのだが，部屋に着くと，あっという間にこのホテルの業務活動の有効性における問題，サービスレベルの低さを筆者は思い知らされた。

　東北新幹線に揺られ，疲れて到着して荷物を広げた後に，部屋の不備を見つけてフロントへ電話をした。すると，「お客様のお部屋では不備があるままで改善しませんので，隣の部屋に移って頂ければ大丈夫です」との返答が得られた。

　いわゆる，ルームチェンジを余儀なくされたのである。

　筆者は別にクレーマーではない。かつてあるサミットが行われたホテル運営の支援を行っていた経験から，筆者は，当たり前の対応として，「当方の不手際でお疲れのところ，お部屋をお移り頂くことになりまして誠に申し訳ございません」のホテル側からの一言を待っていた。

　しかし，フロント担当者は，「係の者がお移り頂く部屋のカギを持ってお部屋に参ります」といったきり，電話を切ってしまった。

　あきれ果てたものの，「もしかすると，部屋にお越しになる係の人がお詫びになるかもしれない」と思い，その人が来るのを5分ほど待ってみた。

　すると，係の人が部屋に来て，「お客様，お隣の部屋が空いておりますのでお移り下さい。これがカギでございます。どうぞこちらへ」と，丁寧な口調でお詫びもなくその係の方がカギをポンッと渡してきた。

　筆者は，既に荷物を部屋に広げてスーツから浴衣に着替えていたので，「荷物もこの広げちゃったので，ちょっとすぐには移動できないんですが……」と申し出た。

　そうすると，係の人は，「では，外でお待ちしております」と言って，そそくさと出て行った。仕方なく，1週間分の出張の荷物をまとめて部屋の外に出

## 第11講　謝れない企業に内部統制なし

ると，ここでも，当然のこととして予想していた「重たいでしょうからお荷物をお運びします」といわれるだろう，という筆者の甘い想定は砕かれた。

係の人は，ボーッと突っ立ったまま，筆者が重そうに浴衣で移動するのを見ながら「(移動前の不備のある) こちらの部屋のカギをお預かりします」といって前の部屋のカギを筆者から取り上げただけだった。

さすがに筆者はあきれてしまった。そこで，筆者は，全部の荷物を運び出して部屋を移動するのを監視するかのような係の人に，「誠に申し訳ないのですが，両手が塞がっているので，部屋にハンガーにかけたスーツがありますからそれを持って来て頂けますか」と丁重にお願いすると，予想外の注文を受けたかのようにあっけにとられたような顔をして，「ああっ，はい，お持ちすればよろしいのですね」という指示待ち体制の返答をしてきた。

隣の部屋とはいえ，重たい荷物を自分で運び，ホテル側の失態にも関わらず移動させられる身としては，心中穏やかならないものがあった。

しかし，もはや良質のサービス・接遇を期待するのはやめにして，筆者の心の内は少し気が楽になった。隣の部屋に全ての荷物を運び終えた後，係の人が筆者の指示に従って面倒臭そうに，ハンガーに掛けてあったスーツとズボンを隣の部屋に持って来た。

この頃には，筆者は，甘い期待として，最後ぐらいは「おくつろぎのところをご移動頂きまして大変申し訳ございませんでした」という一言すらいわないだろうなぁ，という予想だけが当たった。

その係の人が言った言葉は，「何か不都合な点がございましたら，お電話にてフロントまでお気軽にお申し付け下さい」との一言であった。

不都合があるからわざわざフロントに電話したのに，また，ホテル側の不手際で移動させられた筆者にとって，これ以上，不都合なことがあってはたまらない。

「ビジネスエグゼクティブプラン」なんてものを選択した筆者が感じたことは，もはや「エグゼクティブプラン偽装」ではないのかということであった。

最後まで，フロントからも客室スタッフからも，お詫びの言葉は一切なく，

「それが何か問題でもあるの？」というような接遇に辟易してしまった。

　もし，一言でもお詫びの言葉があれば，ルームチェンジさせられても，筆者はどれだけ翌日の講演を快く迎えられたか，どれだけ穏やかに眠りにつけたかと思う。そう思うと，このホテルのオペレーションが残念でならない。これは，内部統制で言えば，「当たり前のことを当たり前に」対応できていないために，業務活動の有効性・効率性の向上が図れていない実例である。

　筆者の邪推ではあるが，このようなホテルは，コンプライアンス規程や内規を当たり前のように遵守する組織風土はなく，恐らく，いくら指導して内部統制の制度設計と運用を指導しても，統制環境が空洞化して「コンプライアンス経営偽装」にしかならないのであろう。

　筆者はこの実例に直面し，仏作って魂入れずの内部統制や，「ホテル作って従業員に魂入れず」の経営でしかないように思えた。マニュアルや形式等の整備だけで，内部統制の実効性が高まることはない。なぜなら，内部統制を実践するのは，機械やマニュアルではなく，心を持った人間だからである。

## 米国で広がりだしたアイムソーリー運動

　先に述べたホテルのような場合，クレーマーであれば，そこでいろいろと何癖をつけて見返りを求めるケースもあれば，単に憂さ晴らしのために係の人に説教を1時間も続けるケースもあろう。内容と場合によっては，ゲストがホテルを相手取って訴訟を起こすことがある。

　このような場合，内部統制うんぬんの前に，たった一言，「誠に申し訳ございませんでした」と相手の身になって心情を慮り，謝罪するだけで済むケースが往々にしてある。

　筆者は，セミナーや研究会等の場で述べているように，次の3要素，つまり，人間同士の幸福感と，納得感と，相手を互いに思いやる心の3つこそが最大の統制機能を果たすと思っている。

## 第11講　謝れない企業に内部統制なし

　幸福感が低く，幸せになりたいという思いを身勝手，かつ，違法で安易な方法で実現しようとする者が不祥事を起こすことになるのである。納得感なくマニュアルを押し付けられた者が，やらされ感にさいなまれ，正式な手続きを軽視して不正行為を起こしてしまうのだ。相手を思いやる心のない者が，相手の心中を思いやれず，相手を自分の性欲を満たす物体として見なしてしまった結果，セクハラを起こしてしまうのである。

　内部統制やコンプライアンス経営において，コンプライアンス上の問題が表面化してしまう以前に，たった一言の思いやりあるお詫びが問題を長期化・肥大化させずに済むことが往々にしてある。

　もちろん，某金融機関では，お客様への謝罪は，担当者だけでその場で済ますことなく，上司と同行してお詫びに伺い，その対応内容をレポート提出する仕組みをひとつの内部統制として整えている企業があり，それは，組織として正しい対処である。

　そのようなことが脳裏をよぎった際，ふと，米国の企業姿勢の変貌を筆者は思い出した。それがアイムソーリー運動である。

　読者諸氏は既にご存じのように，米国では，アイムソーリーと言った時点で，裁判になった際に「自らの非を認めた証」として不利になることがあったため，極力，アイムソーリーとは言わない習慣があった。

　実際，筆者が米国滞在中に，スーパーでカートを筆者の足にガツンとぶつけてきた男性は，"Are you OK？"（大丈夫ですか？）と言っただけで，その後の会話中でもアイムソーリーとは言わなかった。

　あるアメリカの企業の話に，このようなものがある。

　ある企業で自社の失敗による取引先への対応を巡る緊急の打合せがあった。そこで，担当部長は部下にどう対応すべきかについて，部下に意見を求めた。部下Aは，「相手企業にも契約書のここの部分に過失と言えなくはない問題がありますので，そこを突いて，過失相殺に持ち込みましょう」といった。

　部下Bは，「本件は相手先の問題として突っぱねて，有能な弁護士を雇って裁判で債務不履行の賠償額を少なくできるような落とし所をつけましょう」と

いった。

　その他の部下も延々といかに言い逃れるかについての意見を述べたが，それぞれに答えた中で，職場見学に来ていた担当部長の息子が口を開いた。

　子供：「ぼくだったら，いつもお父さん（担当部長）がボクに教えてくれたように，すぐにごめんなさいって謝るよ。そうしたら，許してくれるって」と。すると，部長をはじめ，部下全員が誠意ある謝罪をすることを検討することにした。

　もはや，「ごめんなさい」と謝るという「当たり前のことを当たり前に」する事は，企業レベルでいかに相手の心情を慮り，いかに前向きに事後の対応をするかに企業の真の姿勢が現れるものであるといえそうだ。

　たった一言の誠実なお詫びが，おおがかりな訴訟を避ける最良の道であることは多々ある。取引先は自社とは別の資本的にも独立した他社であるとはいえ，その相手先企業も失態を犯す時はある。失態を犯した時にこそ，その企業の本当の姿や，誠実さを掲げた経営理念の浸透度合いが見て取れる。それは，企業不祥事の謝罪会見を見れば，どれだけ誠実な企業かどうかがすぐにわかるのと同じである。

　お互い様という面が多々ある中で，強硬に自分の非を認めて改めようとしない姿勢は，各企業のホームページによく掲載されている社是や企業理念である「顧客志向」「お客様のために最善を尽くす」「信頼を大切にする経営」などという言葉に反する，その企業の化けの皮がはがれた本音が現れる経営偽装の要注意ポイントである。

　逆に，失態やミスにこそ，誠実に正直に謝り，事後対処を適時適切に行えば，却って，相手先企業の心証が高まったり信頼性が高まったりすることが多々ある。

　不祥事多発の社会にあって，もはや，お詫びは企業にとっての最良の企業姿勢をアピールする絶好の場であると筆者は思っている。つまり，最大の競争優位を得る差別化の場は，失態を犯した際の謝罪と事後の適時適切な対応の場にあるのだ。

## 書類作成や専門用語を覚える前に，頭を下げよう！

いろいろとここまで述べてきたが，内部統制やコンプライアンス経営の形式だけを整えても，なかなか，経営者・従業員共にマインドの面で成熟が期待できない例が多い。

そこで，筆者は，内部統制やコンプライアンス経営に取り組む企業の方々にこう言いたい。「当たり前のことを当たり前に，まず，頭を下げよう！謝ろう！」と。

つまり，専門用語がいくら頭に入っていても，ミスを犯した際に，つまらないプライドを捨てて，あなたの有能な賢い頭を下げられるかどうかが，本質的に内部統制の成否を決めるものであるということだ。

もっと簡単に言えば，毎朝，出勤してきた時に，「おはようございます」と当たり前のことを当たり前に挨拶すらできない社員に対して，日本版COSOモデルにおける「情報と伝達」やSFAのような営業情報の共有による効果的・効率的な営業活動も，内部通報制度による不正の早期発見・早期是正の効果も期待できないということである。

まずは，難しいことではなく，挨拶やお詫びや，感謝の気持ちを伝える「ありがとう」などの一言を，当たり前のように交わされる職場づくりをすることが，内部統制の第一歩であり決定的な内部統制運用上の対応策となり得るように筆者は思うのである。

若輩者の筆者が，人生の先輩である多くの読者諸氏に温故知新を叫ぶのはおこがましいが，「実るほど，頭を垂れる，稲穂かな」という言葉を大事にすべきなのではないかと思う。

今，テレビの記者会見で頭を垂れているのは，不正を隠し通そうとした経営者の謝罪会見であったり，普段は机に足を乗せるような横柄な社長が，取引先から投資や融資を募るためだけに見せかけ上は頭を下げる偽善のお辞儀だったりする。いってみれば，それらは「謝罪偽装」のようなものである。

このようなことが，どうも，筆者としては釈然としない。ちゃんと初めから大問題になる前に頭を下げて謝ろうよ，と毎回テレビを見ながら思う次第である。

第12講

# 「それでも地球は回っている」

## 当たり前のことを当たり前にすることが大切

　残念ながら，企業の健全性を保つコンプライアンス経営や健全性を保つ仕組みである内部統制において，最も困難な事は，文書化や制度設計や訴訟対策でも何でもなく，ごく日常から「当たり前のことを当たり前にする」ということである。

　多くの方々が，いわゆる「空気を読む」という処世術を高度に習得し，社内政治や対外的な交渉において，極めて優秀かつ巧妙な手を打つことを身に着け実践し成果を上げている。

　これは，ビジネスパーソンとして必要な能力であると同時に，コンプライアンス経営や内部統制を崩壊せしめる最も危険な能力でもある。

　社内の有力者の顔色や内心を汲み取って，その人の期待に応えるという戦略的な仕事ぶりは，その裏側に，その有力者がコンプライアンス上の問題ある期待を持っていた際に法令や社会規範を尊重するよりも，その人の期待に的確に応えようとして法令や社会規範をないがしろにしてしまう，あるいは，法令や社会規範を恣意的かつ巧妙に解釈をして都合良く捻じ曲げてしまいかねない姿勢なのである。

## なぜ「優秀さ」が最大のリスクになるのか？

　ここで問題となってくるのは、社会における「当たり前のこと」が、いつの間にか、優秀な処世術という名のワナを駆使してそのワナに溺れ浸っていく内に、「自社だけの恣意的な"当たり前"の基準」を作り、社会の「当たり前」からかい離してでも「社内の空気を読む」優秀さと巧妙さを発揮することである。

　筆者は、決して空気を読むなとか、場違いな発言をしろとか、協調性を無視しろといったこと等をいっているわけではない。

　筆者自身も空気を読む重要性を感じつつ、やはり、重要なことを目の前にして、保身を図るために「空気を読む」という正当化できそうな単なる言い訳で不正に手を染めたり不正を見て見ぬフリをしたりすることが良くないといっているのである。

　また、筆者は、「否という」ことや「それは本当に正しいことか」と自らを律するために常に問いかけることが重要である、ということをいいたいのである。

　筆者の思考ステップは、日常の作業や商談や財務的には良い数値をもたらす仕事の依頼を目の前にして、①まず正しいことか、②それは本当にクライアント（お客様・受講者様など）の役に立つか、③自分の望む正しいあり方を犯すことはないかということをまず自らに問いかける。それらをクリアしてはじめて、筆者は次なる自らへの問いかけとして、④それはペイするのか、⑤ペイしない場合にはペイしなくてもやる価値があるか、という判断での重要性・優先順位の高い順に５つのステップをたどって判断しているのである。

　実例でいえば、あるコンサルティング企業が年間で5,000万円の内部統制コンサルティング案件を週１回の訪問指導だけの依頼で筆者に打診してきたことがあった。その際、前述の５つのステップからお断りしたことがあった。

　これも、筆者は、当たり前のこととして５つのステップを踏んでいたのであ

第12講 「それでも地球は回っている」

るが、①まず、そのコンサルティング案件を筆者に依頼してきた企業の経営の健全性が極めて疑わしかった（もっと正確に言えば不正といっていいレベルの仕事の仕方をしていた）。つまり、その企業がクライアントに過剰なサービスを子供だましのように依頼させるようにしていた。

財務的には儲かるものの、筆者が信条としている効率的で効果的な内部統制の指導が実現できない案件で、その企業と共に仕事をすることが正しいとはいえなかった。

次に、②その案件の詳細を聞けば、まだ内部統制に明るくないクライアントをけしかけてボッタクリ状態で必要のないことまで過剰にコストをかけさせていたため、本当にクライアントの役に立つとはいえないという背景があった。

更に、③筆者が望む低コストで効率的に内部統制を普及啓発し、形式よりも実効性を重視するというあり方には大きく反していた。

最後に、④と⑤として、その5,000万円の案件は、単に費用を考慮しても利益率は通常の数倍に至り、十分すぎるほど財務指標上はペイするものの、この4つ目・5つ目のステップよりも先だって、筆者が重要で優先する①〜③には反していたのでお断りしたのであった。

そもそも、その4つ目と5つ目のステップは検討する必要がなく、①〜③の時点で案件をお断りすることが確定する、というようなことで筆者はその案件の依頼をお断りしたわけである。

筆者は、自らに平素から寄せて頂いている信頼性や将来の誠実な発展可能性を質に入れてまで、目先の5,000万円というお金を手にする必要はない、と判断したのである。

一方で、読者諸氏におかれてはどうであろうか。経営陣や社内の有力者は往々にして財務数値という結果のみに目が行って、あなたが案件受注したいという期待と強いプレッシャーをかけられた時、あなたは「これはコンプライアンス上も我々の社是や経営理念からしても、本当に我々のすべき正しいことでしょうか」とか、「この案件はお断りするべきです」と、場合によっては「冷や飯を食う」覚悟を持ってまで「否という」ことが当たり前のこととしてでき

ているであろうか。

　それとも，経営陣や社内の有力者の「ご期待に沿う」べく，優秀に「空気を読んで」目先の大金を獲得できる案件を優先し，「社内基準でのみ褒められる」道を選択するであろうか。

　筆者は，「冷や飯を食う」のかどうかよりも，「当たり前の正しいことをする」ことに専念し，おかげさまでこれまで何杯も「冷や飯」のおかわりを頂戴してきた。

　その度に，「じゃあ，冷たいメシに温かいお茶をかけてお茶漬けとして冷や飯を食らってやる」という感じで甘受してきた方である。

　若輩者の筆者が言うのはおこがましいが，目先ではなく長期的な「幸せ」や最終的な不祥事への「没落」は，日々の選択の積み重ねによって行き着く先に，様々な形で現れるものである。

## それでも地球は回っている

　会社という組織には，「社会化」という教育・適応機能がある。それは，良い社風に沿った社員を育てることにも戦略的にも役立つものである。

　しかし，その「社会化」の陰の機能は，不正やおかしいことに疑問を持っても押し殺させたり，そもそも，疑問すら抱かせないように感覚を麻痺させたりするという機能なのである。

　そんな巨大な組織心理・社会心理の圧力に屈せず，ガリレオのように「それでも地球は回っている」といえるかどうかが，当たり前のことを当たり前にできるかどうかという点で極めて重要である。それだけに，当たり前のことを当たり前にすることが最も難しいのである。

　「空気を読める」という優秀な社員は，目先の判断に陥りがちかもしれない危険と背中合わせの社員でもある。昨今の不祥事を見ていても，数年～十年前から社内で行われてきた事件が今になって摘発され，その当時から「空気の読

める」優秀だった社員が，次々に逮捕され有罪判決を受けているようである。

「協調性」や「従順さ」が，単に不正がまかり通る職場での「協調性」や不正を命じる上司に対して「従順」であることであってはならない。

そうではなく，「協調性」や「従順さ」は，コンプライアンス上の良い緊張感を職場内に保ちつつ「協調」し，不正を命じる上司に対してというよりも，コンプライアンスに対して「従順」であることでなければならない。

よく筆者が講演で述べることであるが，"「誰に」従うかが重要なのではなく，「何に」従うかが重要である"ということである。

お世話になっているあの人のいうことだから従うとか，社内の有力者だからとか，「冷や飯」を食うことが怖いからコンプライアンスに反して「協調する」といったようなことは，身勝手な解釈からくる不正の正当化以外の何物でもない。

要するに，コンプライアンスや社会規範に従うことが重要なのである。協調性は，古くから日本でもいわれている言葉でいえば，「和して同ぜず」である。

したがって，何でもかんでも過敏に，ヒステリックに，また，話し合いや建設性なく，破壊的な批判やモンスター・ペアレントばりの理不尽な強欲を，「正しい当たり前のこと」として身勝手な意見を振り回すことでないことは念のため申し添えておく。

過激で偏った意見や解釈にとらわれることではなく，かといって，重要な局面で勇気を振り絞って「否という」ことができない状態になるのでもなく，バランス感覚を持ちつつも，常に自らの行動に「本当に正しいか」と問い続けながら身を律する必要があるのだ。

そして，もし，過ちがあれば，それが即，失敗というよりも，過ちに気づいたり新たに知ったりしたら，そこから迅速に改める姿勢が重要なのである。

### 第13講

# コンプライアンスの「関連痛」：リスクの対症療法と根本的治療

## "足首が痛い＝足首への痛み止め注射"で"本当に"問題は解決するのか

　筆者の母は坐骨神経痛（腰の疾患）を患っていて，無理をした際によく「足首に痛みが走る」ということを，筆者は，時折，聞かされることがあった。

　これは，医学的には「関連痛」というもので，以前，ある医師と筆者が話しをしていた際に，その医師が教えてくれたものでもある。

　要するに，ある部位で発生していると感知した痛みが，実は，その部位の疾患ではなく，別の根本的な問題発生部位にある異常を，神経細胞が別の部位で発生していると認識されるということである。

　同様に，筆者の父は狭心症（心臓の疾患）持ちであるが，心臓の異常が時として腕の痛みとして認識されるというように，ある別の部位で起こった問題が，全く別の部位に関連痛として感じられることがあるようだ。

　要するに，こういった場合，足首が痛いからといって，足首に痛み止めの注射をすれば良いとか，腕が痛いから腕にシップを貼れば良いという安易な対応では，坐骨神経痛や心臓疾患が，そもそも存在することすら知らないままで放置されてしまうのである。

　もし，根本的な疾患のことを知っていたとしても，根本的治療や再発防止につながる対応になっていないその場しのぎの「麻酔」が，痛みを瞬時に取り去

る魔法のように優秀な対応に見えるワナに，多くの方々がはまりがちなのである。

そのような対処では，仮にある部位の問題を解決した翌日から，また，同じような問題が根本的に問題のある部位から再発し，ひたすら対症療法の薬漬け治療や，シップだらけのハリボテ対応になる悪循環が起こってしまうのだ。

ここで，筆者は何も専門外の医学講座を展開しようとしているのではない。筆者がいいたいのは，この関連痛という考え方が，実は，コンプライアンス経営や内部統制やリスクマネジメントにおいて，応用して考えなければならないものだと述べたいのである。

内部監査部やコンプライアンス室の方々は，日々，社内で様々な形で表出してきた法律的問題と奮闘している。様々な企業において，その様々な問題が，多くの場合，法令リスクを並べたて，立派な対症療法が書き連ねられた内部通報報告書や対処記録としてまとめられて，自己満足して根本的に問題が解決されないでいるのだ。

そういったことが，目先の即効性ある優秀な対処として，肝心の根本的な企業の病の治療・再発防止につながっていないのではないかという危惧を，筆者は抱いているのである。いわば，「問題解決偽装」というようなことが起こっている。

これは，コンプライアンス経営・内部統制・リスクマネジメントの実効性，換言すれば，「本当に」内部統制・リスク対策上の効果があるのか，「本当に」問題を解決できたといえるのか，「本当に」再発防止策をとったといえるのか，という3つの疑念を晴らすに至っていない。筆者は，「コンプライアンスの関連痛」という概念を持って，各企業が本質的な問題を本当に解決できているのか，ということを問いかけているのである。

第13講　コンプライアンスの「関連痛」：リスクの対症療法と根本的治療

## 法律的問題として表出するまでに経たプロセスを診断する大切さ

　法令違反の有無を，問題発生後に慎重かつ高尚な検討と記述において対応することは，いかにも各企業の優秀な内部監査部や法務部やコンプライアンス室の担当者様が陥りがちなワナである。

　これまで筆者が見てきた多くの問題ある企業の場合，結局は，「悪者探し」に至る高度な条文解釈や法的手続きの検討が，末端の問題としての課題が挙がってくるたびに繰り返されていた。

　そして，そのような対処は，現場からは遠く離れた本社にある，立派な椅子が並んだ小奇麗な会議室で行われてしまっているのだ。現場感覚や現場の詳細な状況を把握していないコンプライアンス担当者が非常に多い。

　挙句の果てに，これまで多くの法務関連部署の方々が，「我が社はなんでコンプライアンスや内部統制が浸透しないのでしょうか？」とか，「我が社の人材は低レベルで頭が痛い」というような話を，超大手企業から地方の中堅中小企業に至るまで，筆者にお悩み相談として持ちかけられてきている。

　ここで大切なのは，「悪者探し」ではなく「原因探し」である。このごく単純なことを，筆者は各地の各企業における指導や講演で繰り返し説き続けている。

　多くの場合，これまでにコンプライアンス意識の高まりから，立派な規程類や内規や規則が整っているものの，それらが遵守されるように現場での指導を徹底できていないケースが見受けられる。また，「このように決めてあるからこの通り守られているはずだ」という希望的観測に頼る根拠なき絶大な自信を持つ担当者様が多く見られる。

　このような時，筆者が口酸っぱく指摘するのは，何も難しいことではなく，小学校で習う漢字で8文字の原則を徹底できているかどうかだけである。

　その8文字の原則は何かと言えば，コンプライアンス経営や内部統制やリスクマネジメントの実効性を決定づけ，組織における自浄作用の肝である「早期

発見・早期是正」の体制構築と実践あるのみということだ。もっと単純には，「"本当"にそれが根本的な問題ですか？」と，問題の深堀りをすることが大切だと筆者は述べている。

そのためには，本社のスタイリッシュな会議室にこもっていてもらちが明かない。どうすればいいかと言えば，コンプライアンス担当者が，足しげく現場に赴くという基本中の基本を徹底することだ。

## 現場に赴き，自社組織の「問診」「触診」「CTスキャン」をする

収益を上げる戦略・業務活動における意思決定は，経営陣が率先して行うようであるが，どうも，リスク管理の意思決定については，多くの経営陣が極めて曖昧なまま，何となく表出してきた問題を深掘りして検討することなく，その問題の実態を検証せずに漠然と，かつ，消極的な姿勢で行われる傾向がある。

経営陣が曖昧な意思決定をしなければならない理由は，現場の風土や職場環境を肌で感じ取り，前述の関連痛の視点から，根本的な問題はどこにあるのかを検討・発見しようとしていない（もしくは，そう心がけていても実践が不十分である）ということが考えられる。

多くの企業において見られることであるが，内部監査部や法務部やコンプライアンス室の方々は，「コンプライアンスの関連痛」として表出してきたような法律的問題を，対症療法的に法律でのみ対処しようとする順当な仕事と思われがちなワナに陥ってしまっている。

筆者が常に問いかけていることは，法律的問題を起こす主体は何なのか，ということである。その答えは，机やイスといった物体ではなく，まぎれもない人間そのものなのである。

その人間は，見方によっては炭素体ユニットであると見られるが，法律的問題となる不正を犯すのは，人間の心（心理）である。

つまり，人間の心理が引き起こす職場環境・経営環境内における法律的問題

## 第13講 コンプライアンスの「関連痛」：リスクの対症療法と根本的治療

を，単純に，かつ，安直に，無機質な法律・条文解釈でのみ対処することは，前述の関連痛で言えば，足首が痛いなら，足首に痛み止めの注射をしたり足首のマッサージをしたりして，問題を解決したような気になっているだけ（問題対処の報告書を作成したり，事実確認をしたりする作業をこなすことで，いかにも仕事をした達成感を味わっている自己満足状態）でしかない。

しかし，いざ，レントゲン写真を撮ってみると，「おやっ？足首には何の問題もありませんね。」という診断結果を持って，内部監査部や法務部やコンプライアンス室の方々は，自社の問題が治る見込みがあるのに，あたかも自社が「原因不明の不治の病」に陥っていると錯誤しがちなのである。

中には，そのような方々が，「自社のレベルが低いからどうしようもない」というあきらめの境地に至ってしまい，目の前に山積し続ける対症療法を行う「患者」という名の社員を見渡し，途方に暮れてしまっている。

では，どうすれば根本的治療に至る道を探すことができるのだろうか。重要な視点として筆者は以下の3点を挙げている。

① コンプライアンス担当者が現場に赴き，内部監査部や法務部やコンプライアンス室の方々が，自社を問診（一見して法律的問題と関係ないように思われる日頃の悩みも含めたお悩み相談やヒアリング）し，触診（現場の職場風土や作業環境を肌で感じ取る）をして，更に，CTスキャン（これは，日本初で筆者が開発・監修した内部統制意識調査「内部統制＆リスクマネジメント健診」を用いることも可能）によって，自社内の問題をピンポイントで把握する。

② 法律的問題を法律・条文解釈だけで安易に対応しようとせず，法律的問題を引き起こすに至ったプロセスや環境といった問題の原因は何なのかを把握することが重要である。

③ 往々にして，プレッシャーやストレスや職場内の人間関係や，文化的背景の相違等という心理面での問題が，法令上の問題を引き起こすのである。また，構造的な問題としては，慢性的に作業量が多いとか人事制度の問題から考課における不満要素が積み重なって問題が生じるということがある。つまり，表出してきた法律的問題とは直接関係ないように思われる関連痛

の原因が何かについて遡って改善・対処する姿勢・洞察力が重要である。

以上の3点を念頭に置いて，読者諸氏はコンプライアンス問題に当たるべきである。

筆者がコンサルティングや指導を行う際に，会議室での打合せよりも，可能な限り，まず現場を見せてもらうのは，上記の3つの視点を実践する上で重要な意味を持っているためである。

そして，時として，現場の生の声や内部統制意識調査の調査結果から，直接的には，ある問題と無関係に見えるごく単純な問題を解決することで，これまで「不治の病」と思っていた頻発する法律的問題が，ピタッと解消・再発防止できたことが多々あった。

## パイロットのリスクマネジメントの概念：Cause River（原因の川）

最後に，もうひとつ概念をご紹介したい。筆者はパイロットであり，様々な飛行中のリスクマネジメントに関するトレーニングを受けてきた。

その中で，Cause River が今回のお話にフィットする。ある表出してきた問題（下流）には，その原因・源泉となる川が何本も流れ込んでいるというものだ。

図に示したように，下流の表出してくる問題には，上流として様々な原因・源泉・支流がある。その源に遡らなければ，根本的対処ができないということ

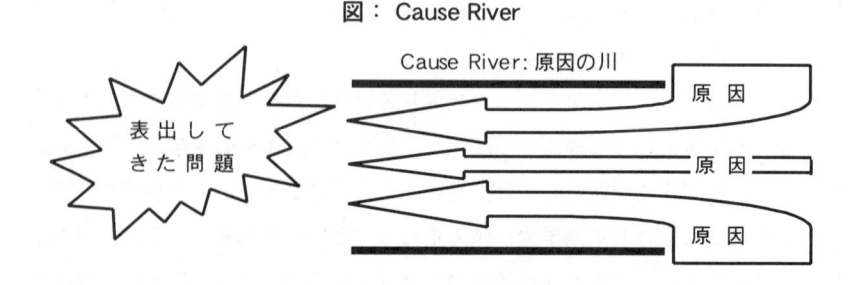

図： Cause River

## 第13講　コンプライアンスの「関連痛」：リスクの対症療法と根本的治療

である。

　表出してきた Cause River の下流にある問題に焦点をあてて対処するのは，出血多量で失血死を防ぐための止血措置といった，緊急性が高く重要な応急措置のようなものを除いては，単なる対症療法（あるいは，場あたり的な対処）でしかない。

　問題の原因たる支流を遡り，一見すると法律的問題と直接関連しないようなクリティカル・ファクター（極めて重要なキーとなる原因）に手を加えて，はじめて根本的に問題解決・再発防止（実効性あるコンプライアンス経営・内部統制・リスクマネジメントへの働きかけ）ができるのである。

　あなただけでなく，あなたの会社の経営陣が，過去1年間に，一体，どれくらいの時間をかけて，何度現場に赴いて Cause River の検討をしたか，自問自答してみるべきである。

　多くの問題は，会議室の討議の場に上がってくる以前の，まさしく，現場で起こっている（あるいは，起こりつつある）ものなのである。

　コンプライアンス経営や内部統制やリスクマネジメントは，何も高尚なものではない。現場の在り方がその会社の在り方を左右するのであり，現場目線で経営感覚を備えつつ現場に赴いて対処していくことが重要なのである。

# 第14講

# 官公庁・公共性と内部統制

## 最も必要な内部統制は霞が関で最も欠落している

　官公庁・霞が関に対しては，失態や不祥事続きで多くの方々が嫌な思いをされている。官公庁・霞が関の内部統制が未成熟であることのツケは，国民の税金跳ね上げと言う形で我々に降りかかってくる点で，官公庁・霞が関の運営の在り方は，非常にタチの悪い組織運営システムなのである。

　公共性の高い機関ほど，より高いレベルの内部統制が必要であると筆者は思っている。

　以前，小職のところに取材に来られたTV局のディレクターさんが，「今まで内部統制について良く知りませんでしたが，これこそ，今，霞が関に求められていることですね」と述べていた。筆者は全くその通り同感である。

　官公庁・霞が関の場合は，筆者が内部統制を簡単にいい表す際に好んでよく用いる「健全に儲け続ける仕組み」という表現よりも，「健全に国民の信頼に応え続けていける仕組み」という表現の方が適切だ。

　これは，ワイロをもらって便宜を図らないとか，国民の税金から成り立っている各省庁の予算を着服しないとかといった，ごく当たり前のことを積み重ねる仕組みを官公庁・霞が関が整えることが重要であるという，実に単純なことなのだ。

しかし，現状はそれすら心もとない状態である。一般企業や組織の経営陣の中で，内部統制について，内部統制なんていらないとか，性悪説による面倒なだけのけしからんものだというような声は，いまだによく聞かれる惨状であり残念である。

しかし，そのよう経営陣は，自社の内部統制について語ってくれているわけだが，それが，その経営陣の関わる各省庁の内部統制であれば，本当に内部統制なんていらないとか，面倒なだけでけしからんものだと言えるのだろうか。

## 内部統制は我が身にダイレクトに降りかかる問題

経営陣の年金や共済金が，ある官公庁職員の不祥事やミスで支払われなかったとしたら，その経営陣は「ああ，年金や共済金なんて別にどうでもいいよ」と笑って済ませるのだろうか。

恐らく，その経営陣は，世の多くの方々と同様に，「官公庁がきっちり年金や共済金を管理していく責任があるし，年金や共済金をちゃんと受給できる仕組みが必要なのに何をやっているんだ！」と，心中穏やかならないものがあるはずだ。

我が社で内部統制を推進するなんて面倒だ，といっている経営陣ほど，他者の内部統制に厳しい人が散見される。

この際の，「きっちり管理していく責任」を果たす仕組みや，「年金や共済金をちゃんと受給できる仕組み」を整えることこそ，実は，官公庁における内部統制そのものだということである。

つまり，「内部統制なんていらない」，「面倒だから内部統制なんて自社でやらない」，という方々の主張は，その方々が年金や共済金を受給できなくても，また，その方の家が火事の時に消防庁が消防車をその方の家だけに出動させなくても，更に，その方やその方のご家族が病気になっても救急車も来なければ病院も入院させてくれないような仕組みがあっても，文句をいえないどころか，

「官公庁・霞が関が率先して内部統制を無視したり機能不全に陥らせたりしているから良いことだ」と，自社の内部統制の放棄と同様に称賛するのと同義の主張なのである。

　もし，官公庁の横暴を放任し，経営陣が自らの年金や共済金や身の安全を守れない社会で満足であるというなら，その経営陣は，自社の内部統制をおろそかにする「資格」のようなものがあるといえるであろう。

　他社（特に下請け企業）・他者（特に部下）などには厳しくたくさんのものを要求しておきながら，自社・自組織での内部統制をないがしろにする経営は，いってみれば「年金や共済金（例えれば，買掛金や手形）を支給しない（支払わない）でいる官公庁（会社）」として，社内外から信頼をあっという間に失ってしまい，市場から排除されていくのは自明である。

　内部統制は，官民を問わず，相互の信頼を高めて安心して商売・仕事・取引・生活などを行う上での「信頼性というインフラ」なのである。

## 公的資金注入や救済合併企業ほど内部統制を充実させよ

　「金融災害」とも呼ばれる人為的なミスが引き起こした未曾有の金融危機・不況にあって，公的資金の注入や支援を要請する金融機関が出てきたり，救済合併を求めたりする動きが活発化している。

　資金繰りや財務データ上は「健全化された」という場合も，問題として見つめられるべきことは，企業や組織の財務データには端的に表れない内部統制という経営の健全性である。

　このような企業において，資金注入額やリストラ策以外に，内部統制の在り方について十分論じなくても良いのか，という疑問を筆者は常々抱いている。

　公的資金の注入や支援が意味するところは，要するに，これまで「晴れた日にたくさんの傘を貸しにきていたものの，小雨が降りそうになっただけでも傘をとりはがしにきた」金融機関を，国民の税金をもって救済するということで

ある。金融機関以外の企業は，「晴れた日に多額のボーナスを手にし，雨の日には国民の税金からボーナスをもらおうとする」企業という見方ができるのである。

このことは，金融機関は各種の経営危機に瀕した企業に，これまで「健全に儲け続け企業に資金供給する仕組み」という内部統制構築・運用を怠ってきたツケを，国民が税金によって支払わされている馬鹿げた社会的な仕組みでしかない。

もちろん，金融機関や大手企業が倒れれば，更なる金融危機や雇用情勢の悪化や一層の大不況を招く可能性があるため，公的資金の注入や支援は一定の効果と意義がある。

しかし，そのような機関における再建計画において，その機関における今後の「健全に儲け続け企業に資金供給する仕組み」という内部統制を，誰がどうやってどのレベルまで構築・運用・検証・改善するかについて，より高いレベルで社会的に要求しきれていないことは，国民にとっての二次災害である。

一般企業でも某放送局においても，再発防止策や再発防止委員会などといった，問題が起きた後に問題を対処する機関が設置されるケースがよく見かけられる。

しかし，国家・国民と言わずとも，消費者や取引先やリストラの危機に瀕しかねない企業に勤める従業員にとっても，事後的な再発防止策以前に，そもそも，不正やミスの起きにくい仕組み（つまり内部統制と言う仕組み・プロセス）を構築・運用することの方がより重要なのである。

救済合併される側の企業は，これまで，稚拙な内部統制対応を行っていたツケがたまって事業上の失敗に至ったものであるケースがある。

このようなケースでは，救済合併する側の企業としては，組織内部に新たな爆弾を抱えつつ，救済合併の中でも得られるメリット（新たな営業拠点の獲得や，ノウハウ・生産ラインの獲得や，合併後の売上高の向上やスケールメリットなど）をある種の言い訳にした社内調整をして，内部統制の改善をないがしろにした合併に踏み切るようなことはないだろうか。

救済合併において，救済する企業の未成熟な内部統制がもたらすリスクの評価と対応を見誤っていないかと筆者は危惧している。

このような場合，法律問題に詳しい読者であれば，内部統制の限界として経営者の暴走（マネジメント・オーバーライド：日興コーディアルがかつて犯したミス）や，経営陣に課された善管注意義務・忠実義務・監視義務からしても，なお，ジャッジメント・ルールとして，経営陣の意思決定が幅を利かせるという視点を持たれることだろう。

しかしながら，米国流に述べる経営陣の意思決定の尊重たるジャッジメント・ルールについては，あくまでも，経営陣に厳しく突きつけられる経営責任と引き換えに得られる特権のようなものである。

そのような米国流で述べる経営裁量の自由は，経営陣への高い訴訟リスクを伴わせることや，経営陣の厳しい進退問題を突きつけられることがベースにあってのことである。

また，最近，非正規社員を皮切りに人的リストラを進めている企業が多いが，最初にリストラ対象になるべきは，経営陣であると筆者は考えている。

特に，肥大化した役員議席数をリストラせずに，何を持って経営の監視義務を果たしてきたといえるのか不明な無責任な役員を放任することは，大いなる問題であると筆者は考えている。

日本のコーポレート・ガバナンス上の問題として，経営執行と経営監視が兼務されている企業が多いという問題についても改善されるべきだが，現行の体制であっても，監視義務を果してこなかった結果として出てくる経営陣の意思決定による経営状況の悪化を，経営陣が非正規社員を人間としてというよりも雇用調整の部品として扱うような対応で経営陣の失態をリストラで責任転嫁することは，経営陣・役員としての法制上の欠格事由にする必要があるとすら筆者は思うのである。

プロフェッショナルとしての経営陣・役員でない限り，「健全に儲け続けるための仕組み」たる内部統制の実効性向上は望めない。また，逆に，内部統制が十分機能していない組織ほど，プロフェッショナルな経営陣・役員は存在し

ない。

　未成熟で甘い考えがはびこる経営陣が指揮する組織に，公的資金の注入や支援や，救済合併をすることは，CSR（企業の社会的責任）ならぬ，CSD（筆者の造語；Corporate Social Disaster：企業の及ぼす社会的災害）といっても良いものではないかと考えている。これは大いなる経営偽装である。

　内部統制をおざなりにする風潮を蔓延させるかのような昨今の公的資金注入や支援や救済合併が，目を覆うような惨状として感じられることは，筆者だけの特異な感情であろうか。

## ｜「大人の事情」という免罪符はない

　筆者がこのようなことを述べていると，恐らく，一部の読者は，「そうはいっても，"大人の事情"ってもんがあるからなぁ……」という落胆を垣間見せるかもしれない。また，「筆者は政治的なことをわかっていない」と感じられる読者がいるかもしれない。

　そういった方々は，「大人の事情」のツウなのかもしれない。社内政治であっても，国家・自治体を舞台とする政治であっても，違法行為に対しても，「大人の事情」という名の「免罪符」や「政治的な配慮」という名の「通行手形」を持っていると自負するかのような人がいる。

　もし，そのような免罪符や通行手形があるのなら，法治国家である日本では，そのような「免罪符」や「通行手形」を法制化してはどうかと筆者は思う。

　もちろん，筆者は，そういったことがもしできるものならばやってみて頂きたい，という意味で述べている。最高裁判決においては，高度に政治的な判断として司法判断になじまないとする政治的事案はあった。

　しかし，少なくとも，一般企業における社内政治において，高度に政治的であるから司法判断になじまないとする違法行為の免罪符は通用しない。また，そういったことが通用すると思っているのは，アマチュアの経営陣だけである。

不況で不安・不信が増幅し，各社各自の信念が揺らめきかねない昨今の世の中で，ひとつだけ，我々の世の中に決して揺るがぬ軸がある。それは，「信頼性」を築いていける企業・人間が生き残るということだ。

　企業・個々の人材における競争優位の源泉であり，差別化の要因については，「納期が早い」とか，「高品質である」（偽装していたらいくら高品質といっても意味はないが……）とか，「安い」といったポイントから，「信頼性」へと重心が移動してきているのである。

　不況になるほど，不信感が世の中に広まれば広まるほど，世の中が最も頼りたい健全性・信頼性が希少価値やブランド力を高める要因になるのである。

　内部統制の充実・レベルアップを通じ，官公庁をはじめとして各民間企業においても，その組織・企業に集う個々の人材においても，それぞれが積極的に健全性・信頼性を育んでいって頂ければ，揺るがない運営・経営が報われるようになるであろう。

# 第15講

# 「不況と内部統制」

## 「100年に1度の危機」というありふれた言い訳

　いわゆる2008年秋に起こったリーマン・ショック以降,米国の金融危機を発端として,日本においても不況で多くの企業の財務状況が悲惨な状況に陥った。まずは「出血を止める」ことが何よりの優先事項とばかりに,あちこちで止血手当と心肺蘇生装置をフル稼働させた,包帯でグルグル巻きの企業像が見受けられる。

　昨今,経営者の頭の中には,財務諸表と銀行の融資担当者の顔しか浮かばず,頭に浮かぶ社員の顔は,リストラ対象者の面々であったりする。

　そのような経営者の視界に入るのは,明日の資金回収や目先の売上げといったmyopia（マイオピア：近視眼的状態）である。

　何もそれ自体が悪いというのではない。そういった反応は,半ば生理的というか,防衛本能的なものとして,誰しもが経験するものであるし,そう感じずに進んでいける経営者はいないと言っても過言ではないかもしれない。

　もちろん,そういった反応・心理状態を克服して,長期的視点で,明るく先を見据えて,着実にかつ健全に歩みを進めていく経営者は存在する。

　その違いは何によってもたらされるかと言えば,経営陣が不況を読み解き不況だからこそできる諸施策を打っていく「不況リテラシー」を身につけたかど

うかである。つまり，経営陣が不況を乗り切る知恵を身につけそれを活かして来たかどうかである。

なぜ，筆者が不況リテラシーを身に付けて不況を乗り越えるようにしないといけないかと言っているのだろうか。それは，「不況でまずは明日のカネを稼がなければならない」という，先に述べた止血・心肺蘇生装置を優先するという自己正当化の大義名分らしきものを得てしまう不況期に，経営陣が不正・違法に目先の利を得ようとして違法な利益至上主義に傾斜しがちであるからである。

そのような「正しさよりも明日のカネを儲けなければ会社がつぶれるぞ」という幻聴のような悪魔のささやきを得た経営陣は，往々にして不正の道にひた走る傾向があることは，これまでの歴史から見ても明白である。

経営陣にとって，財務諸表の赤い文字は，六法全書に掲載されたいかなる重罪規定の条文よりも重く受け止める傾向にある。

J－SOX対象企業で，これまで内部監査機能を強化しなければ我が社は生き残れないといってきた企業が，既に，内部監査要員の削減を始めている。

経営者が毎日乗ってくる高級自動車を売却するということは，リストラのひとつ（正確には，資産リストラクチャリング）である。

しかし，そのリストラを断行することよりも，経営陣の本音からすれば，自らの身を削りたくないものの，社員の身を削ることは，「V字回復」を目指す積極果敢な経営者像としてあこがれすら思い抱くようである。

直接利益を生まないが円滑な企業経営を支えている部署や，経営陣に苦言を呈する人員を削減（あるいは，配置転換によって部門内の人員数を削減）することは，経営陣が内部統制に関するいかなる重大な意思決定よりも，はるかに迅速に行うようである。

「聖域なき改革」や，「未曾有の危機への迅速な意思決定」というと，経営陣が一見して有能な経営者像を演じられると感じるのであろう。しかし，その実は，「不正を許さぬ風土」を「精神的に汚染・棄損する」愚行であるように見受けられる。

全ては,「100年に1度の危機」への対応策という, ありふれたいいわけで身勝手な錦の御旗を掲げることから起こるのである。

## 不況時こそ，企業の本当の姿が映し出される

かつて，高度成長〜バブル期においては，企業メセナという社会貢献活動が流行した。何のことはなく，そのほとんどは，社会貢献ブームに乗って節税対策になるカネのばらまきのようなものであった。

バブル崩壊後，企業メセナなる経営陣の名誉欲をくすぐるバッジは外され，しばらくすると，新たな名誉バッジとしてCSR（企業の社会的責任）の3文字が広まってきた。

様々な議論の中で，経営者の中には，CSRなくして企業は成り立たないと高らかに高潔かつ高尚な音色で，企業活動の笛を吹きならしてきた者が多くいた。

実態としては，企業メセナブームの時よりはずっとマシになったが，その実は，求められていない原野に植林活動をしてCSRであるといい，その後の営林活動は手抜きをしてしまって，却って，植林地の生態系悪化・環境悪化を招いていることが散見された。

ただ，植林する際の記念写真が，経営者の名誉欲をかきたてるバッジとして，また，CSRに取り組む良き企業像という経営偽装として，会社案内やホームページを飾っているようなものである。

経営者の中には，雇用の確保は最大のCSRである，という主張をしてきた者が依然として存在しているが，その雇用の確保を「どのように」行うのかは述べていないケースが多い。

雇用確保のために，労働法を参照するよりも，勤怠記録の残業時間の欄を参照して改ざんしたり，本来の労働時間を書かせないことに終始したりするといった，「立派なCSR推進経営者」という名の経営偽装を行う経営者が多くいる。

不況・危機を前に，そのCSRも風前の灯となり，更には，法律上求められる

内部統制やJ－SOX対策においても，本書で既に述べたようなJ－SOX偽装が蔓延するあり様である。

会社のカネに余裕がある時には，経営陣は企業の健全性向上に向けた内部統制対応を，外部コンサルタントと部下に丸投げで取り組ませ，自らが汗かかず手垢もつかないきれいな文書類，否，紙爆弾を前にしてご満悦であったように筆者には感じられる。

経営陣の中にはJ－SOXや内部統制などは，監査法人や監督官庁から要求されたときに出すだけの単なる紙束や資料集であるとしか認識できていない者が多い。

不況だから紙束を減らしてしまえ，という古新聞のリサイクル感覚で，経営陣がこの時ばかりは積極的に，J－SOX・内部統制の取り組みをパッタリと足取りを重くさせてきているのである。

要するに，経営陣がいくら偽善者ぶろうとしても，不況時に全ての化けの皮がはがれて，本来の狡猾で拝金主義者の素顔が透けて見えてしまうのである。時計の針が12時を指したシンデレラなら，まだロマンチックであろうものだが，財務諸表だけを見つめて現場や世情に目をそむけて生きる経営者は，経営のロマンも生気もない。

また，循環取引が代表格であるが，好況時に何とかだまして隠し通せた不正が，不況になって資金が回らなくなり露見する不正として，これからもしばしば世に出てくることであろう。

その度に，陰ながら存在する多くの善良なる経営陣が，連鎖倒産の憂き目にあうのはあまりにも不憫である。好況が業績向上への道を照らすライトならば，不況は企業の実の顔と隠された闇・不正を映し出すX線のようなものである。

そのX線で撮られたレントゲン写真が，企業の隠れた影を浮き彫りにするのである。不遇期における人の生き方がその人の価値を決めるように，企業においても，不況期におけるJ－SOXや内部統制への取り組みを重視して，目先で大きく財務諸表の数字を変えられるダークサイドへの誘いに乗らず，健全に儲け続ける取り組みを模索することが，その企業の社会的な価値や意義を大きく

左右するのである。

　筆者は，様々な金融工学や財務会計論の英知を駆使して経営偽装状態で導き出された華やかな「カラー写真」のような好業績には，そのX線で写される「レントゲン写真」のように愚直に華美に走らず，モノクロでありながら深い清らかさを浮き彫りにする美しき「企業としての存在価値」や誠実さのような魅力を感じ得ない。

　経営偽装の「カラー写真」の表層に惑わされてはいけない。かといって，全てを暴こうとして，タマネギの皮を全て剥いてしまっては，タマネギとしての存在が否定されてしまう。

　近松門左衛門ではないが，「虚実皮膜」論を応用したような，虚と実の間にある真実を見抜く力が，不況期ほど我々が必要とするものであるように筆者は思えてならない。

## 不況時における最大の競争優位・差別化の源泉は「信頼性」である

　不況で資金調達のために社債発行をするような場合，当然の如く，その最大の成功要因になるのは企業の信頼性である。

　現時点では，その信頼性は財務諸表ベースの判断に偏って依拠されがちではある。しかし，その財務諸表自体にそもそも信頼性があるのかどうか，というところを問うているJ-SOX対策に力を抜く一方で，社債はやたらと良い条件で発行していきたいという経営陣ほど身勝手なことはない。

　金融機関にせよ，一般企業にせよ，公的資金が流入する組織体においては，そもそも，その組織体の信頼性，運営プロセスの正しさを確保するために必須の，内部統制への取り組みが強化されていなければならない。

　それなくして公的資金が垂れ流されることは許されないと筆者は思っている。病院に担ぎ込まれた重傷者であれば，善人悪人の区別なく救済の手を差し伸べるのは当然であり，善悪の判断から処罰されるのは回復後で良いのである。

しかし，重傷企業・組織については，血税を投じた救済の際に，これまでの企業・組織が内部統制にどの程度どのように取り組んできて，その企業・組織がこれからも内部統制を軽視することなく経営偽装を避けていけるのかどうかを，企業・組織救済の是非における重要な判断基準にすべきではないかと筆者は思っている。

　不況時ほど，正直者がバカを見るのではなく，正直者こそ報われる状態であるべきだろうと筆者は強く思うのである。

　不況を救うのは，実は，経済学でもなければ，金融工学でもない。それらは，固定変数のようなものであり，変動変数，つまり，決定打となるものは，各社が内部自治的に各様に構築・運用する内部統制によってもたらされる信頼性なのである。

　ここで，筆者は，経済学や金融工学自体の意義を全否定しているのではない。サブプライム・ショックのように，金融工学を逆手に取ったかのようなまやかしに依拠する企業活動ではなく，金融工学から導き出された意思決定の判断材料を，いかに健全にかつ適法に解釈・活用するかという，内部統制に積極的に取り組む企業活動が重要なのである。

　そして，その企業活動を支える「内部統制リテラシー」の習得が経営陣にとって必須であることは，もはやいうまでもないことである。

　そして，経営陣・従業員が，内部統制の出発点である社是・経営理念を今ほど重視すべき時はない。全ての経営活動は，本来的に，社是，すなわち，その企業が社として「是」とするものと「非」とするものを分ける「企業における憲法」のようなものに全面的に依拠するものである。

　悲しいことに，多くの企業・組織においては，社是・経営理念というものを，毛筆でかかれた「きれい事」を立派な額縁に入れて壁に飾っておくだけで良いものだという，誤った認識を持つ経営者があまりにも多すぎる。

　まず，そもそも，健全な社是・経営理念でなければならないという大前提の下で，経営トップから現場に至るまで，社是・経営理念に沿った意思決定・業務上の判断や諸作業が徹底されるミッション経営こそが，不況期においても揺

るぎない社会からの信頼性とブレない経営・業務活動を実現し，社内でのモチベーションを向上させていくものとして重要性を増している。

　これは，不況に直面してあたふたせずに，不況を乗り切る重要なポイントである。社是・経営理念について熟慮しそれらに従う経営をすることは，経営偽装を避け，社会において自社がいかに存在するかということを問い直すことである。

　「景気は気から」とは，古めかしい言葉であるが，何も気休めの「気」ではない。信用不安という不況を深刻化させ，回復を遠ざける「気」（心理）から，信用を取り戻す信頼性向上に向けたブレない「気」（心理）が重要であるということである。「健全」な「気」を縮めて言えば，「健気」というのが良いだろう。

　これは，内部統制コンサルタントや内部統制論者に対しても警告的に当てはまることである。本来，COSOはソフト・コントロールとして，紙爆弾を作ることを主眼としてはいなかった。

　しかし，2006年後半から2008年半ばまでのいわゆる「内部統制バブル」に乗じた拝金主義的なハード・コントロールの（ツール頼み，紙爆弾製造職人などといったアプローチをとった）内部統制コンサルタントや論者たちは，この機にさっさと自然消滅していけば良い。

　仏作って魂入れずの内部統制を横行させた多くの内部統制コンサルタントや内部統制論者は，不況に至るまでの好況期に，大いなる信用・信頼を抵当に入れて，目先の稼ぎや稼働率向上にうつつを抜かしていたようなものである。

　毛筆ではないものの，大量に印刷されたきれい事がかかれた文書類を積み上げることを内部統制と思ってきた人々は，不況が良い意味での治療（ショック療法かもしれないが）になるであろう。

　内部統制を指導する側も指導される側も，この不況が内部統制について再考する，苦渋ながらも非常に良い調整期であると言って良い。

　不況になれば出張を控え社内会議が増えてお茶が売れるという時期に議論すべきは，いかに世の中で巧妙にかいくぐって儲ける経営偽装の仕方ではなく，内部統制をどう捉え，不況期でもそれをどう成し得ていくかという「健気な」

議論であることを願ってやまない。

# 第16講

# 自壊する組織の自浄作用

## 社員による内部通報・内部告発の勇気と，身勝手な企業の蛮勇

　報道によると，オリンパスにおいて，上司が取引先から機密情報を知る社員を引き抜こうとしていた不正行為の嫌疑（不正競争防止法違反（営業秘密の侵害））について，ある社員がコンプライアンス相談窓口に内部通報したところ，公益通報者保護法において，通報者の保護を十分に配慮して不正対策に努めなければならないはずの不正通報窓口の社員が，その通報してきた部下の上司に，誰が通報したかを特定できる情報を知らせてしまった事件が起こった。その通報をした社員が，その上司の管轄する別部署への異動をさせられてしまったという事件が起こっていたのだ。

　最初にこのニュースを知ったとき，あくまでもこれが事実であるならばという話だが，このコンプライアンス担当者のとった行動が最初は信じられなかった。

　コンプライアンスの理念とかけ離れた，社内の異端者探し（しかし，コンプライアンス上は本来あるべき社員である）と，この企業には組織的にコンプライアンス上の問題を隠ぺいする体質があるように感じられた。

　同じく，報道によると，ある重工においても，職場の社員たちが会社側の用意していた虚偽の実務経歴証明書を利用して「監理技術者」の資格証を国土交

通省の外郭団体から不正取得した事件が起こっていた。

　ある重工の社内のコンプライアンス委員会に，ある社員がその不正についての通報を行っていたようだ。そして，その委員会が通報者に対して不当に返答を引き延ばしていたことから，公益通報者保護法に沿って，同法の定める20日間以内に通報内容に対する対応について通報者にフィードバックが適時適切に行われない場合には，社外の通報先に通報（告発）しても構わないという決まりに従い，その社員が国土交通省に不正の嫌疑について告発したのである。

　その社員の上司は，組織として統一行動がとれないような者は会社から出ていくべきであるとの全く筋違いで違法な迫り方をしてしまっていた。結局，その社員は関連会社に不当に出向させられてしまったとのことであった。

　これも，報道内容が事実であるならばという話であるが，公益通報者保護法に沿って考えた場合，その通報を行った社員がとった行動は，コンプライアンス上，至極当たり前の適切なものである。

　また，コンプライアンス経営を推進するという姿勢が会社側にあったならば，公益通報者保護法に沿って，返答を引き延ばすことなどせず，適時適切な対応をとる以外にその企業がとるべき道はないはずであった。

　企業は，いとも簡単に身勝手な蛮勇による意思決定を図る代わりに，会社を少しでも良くしたいとか，会社全体でクリーンな経営を行えるようにしたいという個人の尊厳と，不正を通報する崇高な勇気を損なわせているのである。

　これらの企業で，組織の自浄作用である内部通報制度が自壊していく様は，誠に残念で痛ましく感じられた。

　また，「見せかけだけ立派な企業」という経営偽装に潜む闇に光をあてる活動，即ち，組織の自浄作用の要である各社の公益通報制度を損なわせることは，社会への背信行為である。

## 「経営偽装」以外の何物でもない

先の事件を起こしたオリンパスは，同社ホームページにおいて，下記のような記述を公開・開示していた。

**人権擁護の姿勢を明確に示す**

　以前より，経営理念「Social　IN」に基づく人事の考え方として「活力ある人と組織」をめざし，「個人の人権を尊重し，多様な価値観や個性を大切にすることにより，一人ひとりが能力を発揮し自己実現を果たせる職場づくり」に積極的に取り組んできました。2004年10月には，人権や労働に関する普遍的な原則を支持し実践を求める国連グローバル・コンパクトに参加。また，社内に向けては，2005年3月新たにオリンパス人事基本方針を定め，人権擁護をグループ内に徹底させています。また，2005年12月にオリンパスグループ資材調達方針を公表し，そのなかでサプライヤーの皆さまに人権擁護に関してご協力をお願いしています。
　同社HP：http://www.olympus.co.jp/jp/corc/csr/workplace/humanrights/personnel.cfmより

非常に残念であったのは，筆者が国連在籍中に一時期関わっていた，人権・労働・環境・収賄防止（不正防止）に関する国連の全世界的CSR運動である「国連グローバル・コンパクト(UNGC)」に加盟していた会社が起こした事件であったということだ。

筆者の心情としては，以前から危惧していた点ではあるが，「国連」の名を，多くの企業がもっともらしく正義を貫く優良企業であるかのように掲出し，消費者や取引先を欺くような行為をしていることに，非常に悔しい思いがするのだ。

まっとうに，勇気を持って不正を正す人の人権や崇高さを，企業の悪意による

身勝手な都合の押し付けによって失わせることは，個人の崇高な尊厳を軽視し利益優先で不正を軽視する企業風土を「教化」させる，非常にいやしい行為であると筆者は感じている。

また，オリンパスのHPにもあるように，下記のような社内外に向けてのパフォーマンス的な記載もある。

**問題の予防と早期発見・改善のための施策**
**従業員苦情相談窓口**
　　　セクシュアルハラスメント（性的嫌がらせ）については，相談窓口が設けられており，相談担当者は，本人の了解なしには上長などに報告しないなど，秘密保持に配慮しながら必要なアクションへと結びつけます。
　　　また，セクシャルハラスメントガイドブックを制作し，社内のイントラネットに掲示するなどして，注意喚起をしています。その他の労務関連の問題についても相談窓口が設けられており，当事者間で解決できない場合は，会社と従業員代表とで構成される委員会に付され，解決を図る制度があり，それぞれに役割を果たしています。
　同社HP：http://www.olympus.co.jp/jp/corc/csr/workplace/humanrights/measure.cfmより

オリンパスは，セクハラについては，上記のような「問題の予防と早期発見・改善のための施策」がなされているのに，今回の同社の不正のように，セクハラよりも遥かに初歩的かつ企業活動に直結した問題が起きたのはなぜなのであろうか。

これは，あくまでも筆者のこれまでの企業指導経験に基づく経験と私見によるものではあるが，セクハラやパワハラ（パワーハラスメント）については，企業側は，えてして「当事者間の問題」として，トカゲのシッポ切りのような形で担当者だけを法的に処理できるものととらえがちなのである。

しかし，今回の事件のように，企業活動の根幹に関わる問題や会社全体とし

て，経営陣の責任問題に直結しやすい問題は，隠ぺいしたり事実の歪曲を行ったりしたい心理が働いたのではないかと筆者は思っている。

　つまり，解決において手頃な事案は，コンプライアンスに沿って処理するものの，手に余る重大事案は，隠ぺい・歪曲して身勝手な対応に終始しているのが現状ではないだろうか。

　このような場合，経営陣を含め，その経営陣の業務の適正執行及び管理監督と，適時適切な監査・監視を受け持つはずである監査役（常勤・非常勤を問わず）にも罪があり，管理職の内部監査を担当する内部監査人にも罪があるのである。

　公益通報者保護法は，J－SOX法においても会社法においても，内部統制とコーポレート・ガバナンスの双方に関わる組織の自浄作用として必須のものである。

　しかし，筆者の実感としては，多くの企業で内部統制とコーポレート・ガバナンスがうまくリンクしていないどころか，全く別物として扱われているような節があるように思われる。

　社外取締役や社外監査役の必要性がこれまでになく声高に叫ばれている昨今，依然として，監査役には功労賞的な人事が行われ，経営陣と一体，否，経営陣とグルになるような姿勢の人材が登用されることも多いように思われる。内部監査部門に配属される人材も，決して，内部監査のプロではなく，昨今でこそ改善されてきているものの，半ば閑職に追いやられる人材との認識が残っている。

　これまで不正を犯してきた企業も不正を隠ぺいしてきた企業も，もれなくといって良いほど，会社案内やホームページや企業広告において，いかに自社が良い企業であるか，いかに清廉潔白で社是・経営理念に沿った崇高な理念を追い求める企業であるかというPRが盛んに行われている。

　しかし，そのような「企業の立派な包装紙」の中身は，古い商品を回収してきて巻き直し（賞味期限・消費期限等の改ざん）で出荷していた，新品と偽った古い品である。これは経営システムにおける偽装問題と似たようなことが起こっているのである。

とても企業PR内容とはかけ離れた，ずさんで悪質性のある経営実態（中身）がある企業は多い。これでは，もはや，筆者のような若輩者にさえ，これら大企業の偉い経営陣たちが「経営偽装」している悪人といわれても仕方ないのではないか。

## 明らかにされるだけ，まだ良い企業の証かもしれない

今回のオリンパスの一件は，非常に残念なコンプライアンス上の対処がなされてしまっていた。確かに，大きな問題であるが，まだ，このような問題が明るみに出る企業であるという点では，ある意味，経営偽装状態の企業といえども，希望の灯をかき消されずに済んでいるのかもしれないと筆者は思った。

企業の闇に光が照らされ，報道通りに東京弁護士会への人権救済の申し出を通じて，何らかの前進があったかもしれない。また，事件がマスコミに報道されることで，同社が社内で問題を隠し通せなくなった状況から，多少の内部統制上の改善がなされるかもしれないと，風前の灯に似た淡い期待を筆者は抱かされるからである。

一方，より深刻な問題は，中堅中小企業や医療介護施設等の社員・職員が，コンプライアンス上の問題から，公益通報者保護法に基づく内部通報・内部告発を行うような場合，なかなか，マスコミ報道のネタにならない（中堅中小企業の事件では，マスコミとしても報道してインパクトのある記事，視聴率や購買数が伸びる記事にならないからであろうか）ため，依然として，企業の闇に光が照らされることなく，不正の温床が脈々と受け継がれてしまうことである。

超大手企業のように，マスコミ報道による，ある種の社会的制裁やけん制機能が機能することなく，経営陣も監査役も内部通報窓口担当者もみんなグルになって，通報窓口が不正を通報する「面倒な社員」摘発の「ネズミ捕り」になってしまっている企業が散見される。

その点で，オリンパスには同情することは一切ないが，ある種の希望を見出

第16講　自壊する組織の自浄作用

せるかもしれないと，はかなく淡い一縷の期待を筆者は抱いている。

　このような問題は，何も難解な仕組みがあるのではなく，単に，法的観点から「正しいことを正しい」といい，「間違っていることを間違っている」といえる状態であるかどうかの問題である。

　新入社員には，判で押したように新入社員研修で「ホウ・レン・ソウ（報告・連絡・相談）」をきちんとしろよ，と指導している企業が多いが，同社のその一件は，上司ではなく内部通報窓口に「ホウ・レン・ソウ」しただけの話である。

　当たり前のことを当たり前にやることほど，実は最も難しいことはない。筆者が読者諸氏に願うのは，内部統制やコーポレート・ガバナンスという難しそうな概念を論じていくというよりも，ひとりの社員として，役員として，監査役として，当たり前のことを当たり前にこなして欲しいということである。

第17講

# 「クラウド統制」の提言：
# クラウド・コンピューティングと内部統制

## J－SOXクラウド・パーク構想

　J－SOXクラウド・パーク構想とは，最近，やっと話題となって認識が広まってきたクラウド・コンピューティングを活用することで，J－SOX対応コスト・工数・人員などを一気に削減していこうという，筆者が日本初，かつ，日本発で公表した構想である。

　基本的に，各企業の現状のJ－SOX対応は，既存のITシステムを使って，いわゆるオンプレミス（自社内にIT資産を保有している）の状態でサーバーを持っていたり，サーバー・ルームを社内に備えていたりする状態である。

　あるいは，一部をデータセンターのような形で外部委託している企業がある。現状では，社内でIT資産を持っていることで，社内のITの一つ一つに関して事細かにIT統制を行わなければいけないことが，J－SOX対応におけるIT統制負荷上昇の最大のネックとなっている。

　現状のJ－SOX対応各社は，受注から発送に至るまで，売上計上，また，財務報告を取りまとめる全般において，財務報告を歪めかねない問題がないかを事細かに，改ざんリスクの視点から監査法人の視点で事細かにIT統制対応をしなければいけない状態である。

　ここに多大な手間がかかり，また，そこに関わるIT統制の活動に関して非

常に負荷が大きいのである。

　そこで，いっそのこと，ITに関してはオンプレミスでの資産保有をやめてしまって，一気にクラウド化してしまった方がいいのではないか，という考えをJ－SOX負荷の大幅軽減策として筆者は持っているのである。

　特にデータセンターという形では，従来型の監査から見れば，監査法人としては18号業務に該当する業務委託であるという見方をされる。

　そのような場合には，18号監査報告書やSAS70レポートがなければ，各アウトソース先・業務委託先に出向いていって，自社のやり方で委託先のすべてをチェックをしていくことになる。

　業務委託先企業の内部統制対策を，自社のJ－SOX対応のやり方に合わせさせる，という形にしていかなければならないということは，明らかに無理や無駄が多い。

　そこで，最もスムーズでJ－SOX対応工数・負荷・コストともに低減できる方法は，SAS70レポート，あるいは，18号監査報告書というアウトソース先としてJ－SOX監査をクリアできる状態であるというレポートを，業務委託先に出してもらうという方法である。

　新規で外部委託先企業に18号監査報告書かSAS70レポートを取得してもらうにせよ，自社に合わせたJ－SOX対応させるにせよ，中堅中小の外部委託先企業に金銭面・工数面で負荷がかかるのが悩みどころである。

　ましてや，自社のIT子会社に業務委託したとしても，そのIT子会社を含めて上場グループ一体として，高負荷のJ－SOX対応を行わなければならなくなってしまうことには変わりない。

　そこで，このSAS70レポート，もしくは，18号監査報告書を出せるクラウド・ベンダーで企業に必要なIT環境をワンストップで整えてもらい，そこに上場企業とそのグループ会社等から，IT環境の多くを外部委託（クラウド化）してしまった方が，J－SOX対応のIT統制コストは却って安くつくはずである。

　つまり，自社が極限までIT資産を持たずに外部の18号監査報告書かSAS70レポートを出せるクラウド提供者を活用してIT資産を借りる状態であれば，

## 第17講　「クラウド統制」の提言：クラウド・コンピューティングと内部統制

アクセス管理・特権ユーザ管理・ログ管理とIT教育等の基礎的IT統制事項以外は，自社内および自社グループ内でIT統制の高負荷な対応をしないで済むようになるのである。

　クラウド・コンピューティングの活用とIT資産を極力持たずに借りる経営が，メンテナンスの手間もコストも，バージョンアップごとにアップグレードや買い換えする費用負担をする必要もないIT経営を可能にするのである。

　また，J-SOX対応におけるIT上の内部統制の有効性の立証は，SAS70レポートまたは18号監査報告書が全てを代用してくれる「フリーパス」状態になるといっても過言ではない。

　なぜなら，それはクラウド・ベンダー側で全て行うからである。オンプレミスでの対応よりもIT統制対応の負荷が低減すると共に，これまでIT部門が担当させられていたバッチ処理やメンテナンスなどの雑多な仕事は，クラウド・ベンダー側で自社が雇用するよりレベルの高い専門のIT要員が担当してくれることになるのである。

　既存の自社内のIT要員は，非生産的な業務から解放され，戦略的IT業務と業務効率化・情報活用業務に専念できるようになる。

　しかも，クラウド・ベンダー側では，優秀な人材を集約的に集めてサービス提供していることが多く，自社内人材よりはるかに高レベルのIT統制環境を，クラウド側で自然と整えられる可能性が高い。

　つまり，メンテナンスのような戦略性の低い作業に，自社内で高度なレベルの人材を雇用・育成して充当しなくても，それ以上のレベルの人材がクラウド側において自社のIT環境対応に充当されるようにしてしまえば良いのである。

　ちなみに，筆者は，内部統制対応の外部丸投げをするべきでないと述べてきている。しかし，それは，何も雑多で高コスト体制を強いる業務を外部委託すれば低コストかつ効率的・効果的に外部委託できる点まで，外部委託するべきではないと述べているわけではないのである。

## そもそも，自社内のIT環境が
## リスクに満ちている現状を鑑みる

　ちょっと考えてみてほしい。自社内に高コスト・高負荷の状態を甘受して，素晴らしいサーバー・ルームを備えている企業があるが，多くは，サーバー・ルームが自社内であるが故に，いい加減なIT統制対応となっていることが見受けられないだろうか。

　例えば，サーバー・ルームへの入退室管理ひとつとってみても，入室／退室申請と，入室／退室承認が必要な帳面で管理している企業がある。この企業で，筆者が実際に現場視察で目の当たりにしたのは，大手グループ企業のIT環境であっても，極めてなおざりで内部統制を形骸化するIT統制対応がなされているということであった。

　その企業では，入室申請と退室申請だけの1週間分のハンコが並んでいて，入室も退室も承認印がひとつもなかった。つまり，この1週間では，基本的に誰も入室申請を承認されていないため，誰も退室申請はできず，退室する人のハンコは押せないはずであった。

　しかし，その企業で筆者が調査して明らかになったことは，承認者が1週間出張していたため，承認者に断りなく入退室していて，後でつじつま合わせのように，承認者が申請内容や稼働状況をチェックすることなく，承認のハンコを押してサーバー・ルームへの入退室管理ができているかのようにIT統制上の形式だけ整えていたということであった。これでは，内部統制の実効性が無いに等しい。

　もちろん，このような問題を避けるために，入退室カードで入退室管理をしている企業が多くある。しかし，そのカードを入室権限のない者にまで貸し借りしている企業があるのも残念な企業実態である。

　つまり，IT環境の中枢部であるサーバー・ルームがこのありさまである状態で，クラウド側にデータを預けて外部でデータを保管するリスクに過剰に怯えるようなことは，自社のIT統制の実態を鑑みない異常な思い込みやリスク

第17講 「クラウド統制」の提言：クラウド・コンピューティングと内部統制

過敏な反応だということだ。

オンプレミスでのIT環境のチェック＆モニタリングと是正活動が，形式だけの対応であるのが自社の現状ならば，IT資産を自社内で持っている状態よりも，クラウド・ベンダーにデータや処理を預けて客観性・独立性ある第三者（サード・パーティー）に任せる方が，よほど健全なIT環境・IT統制対応を保てると筆者は思っている。

自社側からクラウド・ベンダー側への働きかけとしては，定期レポートやサービス・ヘルス・ダッシュボードやSLA（サービス・レベル・アグリーメント）などによるチェック＆モニタリングによって，その分析結果からクラウド・ベンダー側に是正させることができる。

クラウド・ベンダー側にとってみれば，何か問題を起こせば，業務を委託してくれている企業から，クラウドのサービス提供上の契約違反や訴訟問題として糾弾されるため，各社が自社内でIT環境を整える自社内の人材より，クラウド・ベンダーのITの健全性にかけるモチベーションも素早さも正確さなども，クラウド・ベンダーが独立性・客観性を持って各社の自社対応よりもはるかに必死になるのは当然である。

J－SOX対象各社が，安心できる状況でクラウド側にIT統制関連業務を大幅に委託することで，その自社内に抱えなければならない「雑多な業務に費やされる高度なIT人材」は不要になり，J－SOX対応工数もコストも，内部統制の有効性立証作業をSAS70レポートや18号監査報告書を監査法人に提出することで代用すれば，これまでIT統制で悩んできた負荷が大幅に下がるということになるのである。

クラウド・コンピューティングというものが整ってきたおかげで，それだけの思い切った対策，つまり，これが筆者の述べる「クラウド統制」（IT統制のドラスティックな進化を遂げるIT統制対応策）を行えるようなことになるということである。

クラウド統制が十分に整えば，海外子会社であっても海外拠点ごとにサーバーを設置したり個別にソフトやハードの購入をしたりしなくて済む。

基本的にクラウド上では，全世界的にＩＴ環境が統一されやすいため，海外子会社のＪ－ＳＯＸ対策は，従来のIT統制からクラウド統制に移行し，各国の各事業拠点で個別にＩＴ環境を整えなくても，統一化されたプラットフォームを整えやすい。

　また，ＩＴ統制からクラウド統制に移行し，ＩＴ環境のほとんどをクラウド・ベンダー側に委託することによって，わざわざ現地のＩＴ統制を事細かに調査に出かける必要がなくなる。更に，ＩＴ環境整備やＩＴ運用において，文化の違い，言葉の違い等を特段の手間無く統一しやすいため，低コスト・低負荷でＩＴ全社統制がうまく対応できるようになる。

　単に，上場している親会社だけではなく，持ち株会社から子会社，関連会社に至るまで，従来のＩＴ統制から全てクラウド統制化して，更に，そのクラウド統制を担うクラウド・ベンダーがSAS70レポートや18号監査報告書を出せるようにしておけば，これまでには想像できなかったようなＩＴ統制対応工数の劇的な削減が可能になる。

　これは，短期的な収益改善に寄与する可能性のあるリストラよりも，運用コストを含めた長期的な財務体質改善に遥かに大きな寄与をするものである。

## ＩＴ統制から「クラウド統制」への転換

　筆者が日本初（おそらく世界でも初）で提唱した「クラウド統制」（参照：共同通信ＰＲワイヤーhttp://prw.kyodonews.jp/press/release.do?r=200903281921）においては，これまでのオンプレミス・ベースの従来型のＩＴ統制からクラウド統制に移行することで，ＩＴ活用とＩＴにおける内部統制対応の双方で効果性・効率性が飛躍的に高まる。

　クラウド統制では，Ｊ－ＳＯＸ対応に必要なデータのバックアップも，クラウド側で自然とクラウド・ベンダーのデータの分散保存によって行われる。

　また，何かの障害，故障，災害などの，新会社法施行規則第100条における

第17講 「クラウド統制」の提言：クラウド・コンピューティングと内部統制

損失等のリスクがあった場合，オンプレミスでのＩＴ運用だけでは，自社のデータが全滅して事業が止まるか，多大なコストをかけて物理的に分散して保存させ続けた別の拠点のデータを活用して事業継続がなされることになる。

しかし，クラウド統制では，クラウド・ベンダー側が自然と自動的にデータを確実に分散して保管しているため，自社ビルが壊滅的な損壊を受けても，我々は別の場所で別のPCからインターネット，あるいは，VPNを通じて迅速にデータを復旧することなく通常通りに用いて事業を行えるようになる。

クラウド統制によって，我々は危機下にあっても継続性を持って保管したデータを迅速に活用して，低コストで事業継続対策までできるようになるのである。

オンプレミス・ベースのＩＴ環境であれば，自社がデータを２か所に保存し，地震や火災などの対策にあたらなければならないため，非常に負荷・コストが高くなる。

また，これまでそうした対応をとっていた企業は，知ってか知らずか非効率なＩＴ投資を続けるという「隠れたＩＴコスト」を垂れ流していることになるのである。

これは何もＪ－ＳＯＸ対象企業だけではない。クラウド統制がカバーできる内部統制の中で，新会社法における中堅中小企業の内部統制のＩＴ対策は，Ｊ－ＳＯＸ対象企業と同様に低コスト・低負荷で対応できるようになるのである。

特に，中堅中小企業にとって，ＩＴ資産は大手企業との間に資金の壁がある。バックアップ体制をとれるＩＴ資産を自社内に確立するには，資金面でも人材面でもあまりにも障壁が高いのである。

その意味で，クラウド統制は，中堅中小企業のＩＴ資産の障壁を取り払って，大手企業と遜色ないレベルのＩＴ環境を，中堅中小企業が低い初期コストと規模に応じた従量制のコストでコンパクトに手に入れられるようにしてくれるのである。

クラウド統制によって，資金力に乏しい中堅中小企業であっても，取引先やお客様からの信頼を勝ち得る健全なＩＴ経営（ＩＴの活用とＩＴにおける内部統制

対応）を低価格で獲得できるようになるのだ。

　そういった意味で，クラウド統制は，ＩＴ資産・ＩＴ環境における資金や人材難の障壁による「身分制度」の解放宣言という意味合いもあり，それはＩＴにおける，また，大手・中堅中小企業間における「不平等条約の解消」のような意味合いを持つ。

　もちろん，クラウド・ベンダーがSAS70レポートや18号監査報告書を取得するには，それなりにクラウド・ベンダーの企業規模があり資金的に余力がなければできないことでもある。

　数千万円というSAS70レポート，あるいは，18号監査報告書の取得費用をカバーできないクラウド・ベンダーは，この点でクラウドの競合状態においてビハインドをとることになっていくであろう。

　それではクラウドの魅力がそがれかねないし，中堅中小クラウド・ベンダーの育成につながらないため，筆者はクラウド統制記述書という形で，Ｊ－ＳＯＸ対象企業が中堅中小規模のクラウド・ベンダー活用時におけるＪ－ＳＯＸ対応手法を提言している。

　これは，Ｊ－ＳＯＸ対象企業が監査法人との協議において，中堅中小規模のクラウド・ベンダーでも健全なＩＴ環境を確保できることを監査法人に説得する材料となるものである。

　Ｊ－ＳＯＸ対応におけるＩＴ統制要求において，SAS70レポートや18号監査報告書がなければならないというわけではない。

　もちろん，それらの報告書があればなお良いが，逆になければ，ほかの代替的な手法でクラウド・コンピューティングが監査に耐えうる安全性があり，財務報告の信頼性を脅かすようなものではないことを，企業が監査法人に示せればそれで良いのである。

　また，クラウド統制のメリットは，第三者に業務委託している形態であるため，基本的にはオンプレミスのＩＴ資産を活用した際の従来のＩＴ統制と比して，サードパーティーによるＩＴ運用であるため改ざんリスクが極めて低い，ということを監査法人に訴えかけることができるのである。

## 第17講 「クラウド統制」の提言：クラウド・コンピューティングと内部統制

　要するに，クラウド統制は，SAS70レポートや18号監査報告書の提示すること，又は，クラウド統制記述書をまとめることで，監査法人との協議・説得を有利にしていき，低コスト・低負荷で効率的・効果的に内部統制対応・監査対応をしていけるものである。

　これによって，RCM（リスク・コントロール・マトリクス）で掲出したリスクとコントロールは全てテストしなければならないところを，クラウド統制によって，テスト工数を一気に削減する狙いもある。

　当たり前のことであるが，J－SOX対象企業は，上場を取りやめたり金融商品取引法が廃止になったりしない限りは，これから半永久的にJ－SOX対応を続けていかなければならないのである。

　つまり，J－SOX運用コストを下げなければ，読者諸氏の属する企業は，どれだけ「ムダとり」やリストラや他の業務での経費削減を徹底していても，半永久的にJ－SOX対応における高コスト体質が，企業グループ全体の財務体質を悪化させ続けることになるのである。なすべきリストラは，人材のリストラよりも，オンプレミスのIT資産のリストラ（クラウド化・クラウド統制化）である。

　上場を維持しようとして行うJ－SOX対応にかかるコストが高すぎるままで，結果として，上場を維持できない財務体質の悪化で継続疑義や格付け低下等に起因し，上場廃止や上場し続けられないというような経営のダメージが顕在化してしまうことも，決して絵空事ではないのである。

　従来のIT統制をクラウド統制に移行しなければ，高コスト体質を垂れ流す経営判断をし続けていることになってしまう危険性があるのである。

　つまり，非効率な状態でIT資産を自社内に保有し続けることは，日本版COSOモデルにおける内部統制の4つの目的で言うところの，業務活動の有効性・効率性を高めるという目的に反する状態になるのである。

　単にクラウドという流行に乗って流されるのではなく，やっとクラウド統制という積極的なアプローチが実現可能になってきた状態を最大限に活かして，各社が自社のIT環境・IT運用状態の健全性をより向上させることが，内部

統制において新たに求められ始めているのである。

## 第18講

# クラウド統制記述書の活用と内部統制の低コストでの監査対応

## 「クラウド統制記述書」を作成して監査対応する

　低コストでIT環境をよりセキュアにするために，筆者が活用を勧めているクラウド・コンピューティングにおけるリスクの対応策と監査対応策は，クラウド統制記述書を作成し監査法人との協議の場で活用することである。

　クラウド統制記述書の作成が必要なのは，まず監査法人がクラウド・コンピューティングというものにまったく詳しくない可能性を考慮し，クラウドの全体像やどのようなテクノロジーを用いているかを説明する必要があるからだ。

　監査法人がクラウドに対して必要以上に過剰・保守的な反応をされる恐れを解消するために，クラウド統制記述書は監査対応で大いに役に立つ。

　また，当然ながら，クラウド統制記述書は，クラウドを活用する自社が，自社のIT環境において用いているクラウドにどのようなリスクを見出し，どう対処するかを整理する（つまり，クラウド統制についてまとめて説明する）ためにも役立つのである。

　クラウド統制記述書では，自社がどのようなクラウド・ベンダーに，どのようなITテクノロジー関連事項をアウトソーシングをするのかということを示しておく。

　また，もちろんのことながら，その記述書に，クラウド活用によって，従来

# クラウド統制記述書

## クラウド統制記述書
～J-SOX対象企業におけるクラウドへの対応～

株式会社〇〇〇〇〇
代表取締役社長 〇〇〇〇
CFO 〇〇〇〇　CIO 〇〇〇〇

2010年〇月〇日現在

弊社は当記述書に基づく通り、クラウド・コンピューティングをJ-SOX対象業務において活用しております。J-SOXにおけるクラウド・コンピューティングに係るリスクの評価と対応、および、内部統制上の対応と有効性評価については、当記述書、および、添付資料に示す通りです。

### 1．当社の活用しているクラウド・コンピューティング一覧
当社の活用しているクラウド・コンピューティングは右表の通りです。尚、クラウド・コンピューティングのJ-SOX監査においての位置づけは、18号業務に該当するサービスの業務委託となります。クラウド・コンピューティングの基本的なご説明は添付資料の通りです（添付資料1参照）。

| クラウド対象業務 | 利用クラウド名・社名 |
|---|---|
| 〇〇の業務プロセス | SaaSティー/〇〇社 |
| 〇〇の保管業務 | ASPイズム/〇〇社 |
| 〇〇の…… | PaaSエース/〇〇社 |
| …… | …… |
| …… | …… |
| …… | …… |

### 2．自社業務とクラウドの関連図
当社の業務とクラウドの関連については、右図、および、添付資料2の通りです。

ステップ1 → クラウドデータA　R リスク／C クラウド統制
ステップ2 ←
ステップ3 → クラウドデータB　R リスク／C クラウド統制
ステップ4 ←

### 3．クラウド・ナラティブとクラウド統制上のリスク記述書
各クラウドと当社業務についての詳細な状況の記述書は添付資料3の通りです。主なリスクの詳細は添付資料4の通りです。

クラウド活用において想定される主なリスク
R1：〇〇　……
R2：〇〇　……

### 4．クラウド統制におけるリスク評価・対応
各クラウドで想定されるリスクの評価と対応は右図の通りです。上段にリスク評価をリスクマッピングにおいて行っており、下段にリスクの対応について記載しています。尚、下表にある通り、各クラウドのSLA一覧とそのモニタリングによる当社の有効性評価判断をしております。

| クラウドサービス名 | SLA指標：モニタリング結果 |
|---|---|
| SaaSティー/〇〇社 | 稼働率：評価時点で遵守済み |
| ASPイズム/〇〇社 | 〇〇率：評価時点で遵守済み |
| PaaSエース/〇〇社 | 〇〇率：評価時点で遵守済み |
| …… | …… |
| …… | …… |
| …… | …… |
| …… | …… |

**リスク対策記述書**

各部門or各プロセス等の区切りやすい単位でリスクの棚卸し（プロット）とリスクの重み付けをしておく。

R1：このリスクは云々。
　→これは軽微なので切捨てま〜す
　　（リスクの受容）
R2：このリスクは云々。
　→これは別途統制記述書のように
　　対応しま〜す。

### 5．クラウド統制における当社における内部統制の有効性評価
上記及び各添付資料の通り、当社においては、クラウド・コンピューティング依存プロセスにおいて、財務報告の信頼性を損なう可能性が低く、クラウド統制が有効であると評価しています。尚、クラウド提供企業のプロファイル、クラウド提供企業の人材スキルなどは次頁以降でクラウド統制記述書にて掲載しております。

第18講　クラウド統制記述書の活用と内部統制の低コストでの監査対応

は自社で複数拠点にデータセンターを設置してバックアップを取る必要があったが，クラウド上では，自然と業務委託先がバックアップ対策を講じているというような利点を記載しておくと良い。

　これはクラウドの特性であるが，いわゆるサードパーティーといわれる中立公正な第三者がＩＴ運用を行うということで，プログラムの開発と運用保守の職務を分掌することもできる点についても明記しておくと良いであろう。

　更に，クラウド統制記述書には，クラウド・ベンダーがどういうＩＴテクノロジーを使っているのかということも併せて書いておくと良い。

　クラウドを活用する際に想定されるリスクは，データの保管場所がどこになるかという問題も関わってくる。国内のデータセンター，あるいは，クラウド上にあるサーバーに保存されるのかについても記載しておくと良い。

　また，ダウンタイム（ＩＴシステムがダウンしてしまう時間）の想定や，万が一の際に，クラウド上のＩＴ稼働がうまくいかなくなって一時的に業務が止まってしまう場合に備えた対処策も示しておくとなお良い。

　クラウド統制記述書の参考例は前出の通りである。

## クラウドにおけるリスクの評価と対応

　クラウド活用における各種リスクは，まずクラウドを活用する上での業務委託上のリスクを一覧にした上で，各種リスクに対してそれぞれのリスクがどの程度のインパクト（影響度＆頻度）を持っているのかについてまとめておく。

　クラウド統制記述書において，自社の内部統制の対処として，自社が，各種リスクにどう対応していくのか，受容できる程度のものなのか，回避すべき問題なのか，それとも何らかのコントロールを用いてリスクを低減させていくことが必要なのか，あるいは何らかの代替的手段によってリスクを転嫁することができるのかといったリスクの対応策を定めていく。

　クラウド統制記述書で，クラウド活用における各種リスクのリスク・マッピ

ングと，そこで重要度別の対応策を一覧表にして示せるようにしておくということが，効率的・効果的な内部統制対応・監査対応において非常に重要なポイントになってくるわけだ。

これは，クラウドに関して，日本版COSOモデルで言う「リスクの評価と対応」を明確にすることなのである。各社が従来のIT統制でも，また，非IT面の内部統制の整備・運用においても欠けがちであった，リスクの評価と対応の構成要素を，クラウド活用においてもきちんと整えておくことが，クラウド活用を成功に導く重要ポイントである。

## クラウド活用におけるメリットも明示する

クラウド活用によって，どういった効果・メリットが得られるのかといったことについても，前述の一覧表にまとめておけば，監査法人と協議をする際により効果的・効率的な内部統制に向けて自社の前向きな姿勢を示すことができるため，監査人の心証を良くすることができるであろう。

筆者が過去に述べてきたことの繰り返しになるが，結局，内部統制における監査法人との協議の場は，何も監査法人から言われたことをそのまま唯唯諾諾と受け入れるという御用聞きの場ではない。

協議の場は，あくまでも監査法人に対して，自社の経営理念や経営実態に即して整備・運用される内部統制において，自社がこういうふうにしたいという意思と自社の実態にあった内部統制の実効性向上を持って，監査法人を説得する場なのだ。

自社の自発的な意思を尊重しつつ，内部統制の監査に対応していくことが重要なのである。つまり，クラウド活用の際に，各社がクラウドを用いることで監査法人から新たな指摘が出されることを恐れるのは本末転倒である。

あくまでも，自社の方針や意図に応じて，内部統制監査は，監査法人を説得してクラウド活用の障壁を乗り越えられる説得の材料を作って克服していけば

## 第18講　クラウド統制記述書の活用と内部統制の低コストでの監査対応

良いだけのものである。

　もちろんJ－SOXの実施基準において，クラウド活用は避けなければならないとか，クラウド活用することを禁じるといったことは一切述べられていない。

　この点も，監査法人を説得する際に必要となる観点である。従来のIT統制対応は，自社だけでなく業務委託先にまで内部統制対応をすることに辟易してきたようである。しかし，逆に，クラウドを最大限に活用することによって，企業内のIT資産や，ITに関する負担を思い切り下げていくという理念に沿った，積極的な攻めのIT環境アウトソーシングがクラウド統制によって実現する。

　それによって，従来のIT統制では成しえなかった大幅なコスト削減とより堅牢なIT環境の整備・運用が，クラウド統制によって確保できるのである。

　クラウドに対する漠然とした不安などにとらわれている暇があったら，既存のオンプレミスのIT環境・IT統制における不備やその改善において，自社が既存のITベンダーからいくらかけてどれだけのソフトやシステムを導入する必要があるかについて，かかる費用を計算してみると良い。

　決して，その費用は安くはなく，迅速に自社内の内部統制を健全化できないことに気付くであろう。クラウドの漠然とした不安がどうのこうのと言っているよりも，J－SOX対象各社は，低コストで迅速に導入・活用できるクラウドを用いて，既存の方法では成しえなかった網羅的かつ健全なIT環境・IT運用状況の確保を優先するべきだ。

　それも，上場企業（親会社）約4,000社だけではなくて，4,000社がそれぞれ持っている重要な子会社や関連会社や，場合によっては重要な取引先まで含めてクラウド対応をしていくことによって，従来のIT統制ではあまりにも負荷がかかり高コストを余儀なくされた問題を，クラウド活用によるクラウド統制が一気に解決するようになれば，社会的にも信頼性を築けることになる。

　クラウド統制によって，業務活動の有効性・効率性を高めて低コスト化も行うとともに，自社内のIT資産を自社内の限られたIT担当者で管理する状態よりも，より堅牢なIT環境が整うことを示すことが各企業が取組むべき危急の課題と言って良い。

# 「シンクライアント＋クラウド」が
# ＩＴ統制の負荷を大幅に軽減する

　オンプレミスのＩＴ資産（サーバや各種ソフトなど）があることこそが，Ｊ－ＳＯＸ対象企業がどのようにＩＴリスクに対応しているかを事細かに示す必要に迫られる要因なのである。

　逆に言えば，シンクライアント（ハードディスクや記憶媒体のないＰＣで，通信機能のあるクライアントＰＣ）だけが会社内にあり，その他のサーバーや各種システムや各種ソフトを，Ｊ－ＳＯＸをクリアできる業務委託先である証明となる18号監査報告書やSAS70レポートが出せるクラウド・ベンダーのクラウド上に置いた場合，極論ではあるが，社内（オンプレミス）にはサーバー・ルームも各種システムもないので，自社が行うＪ－ＳＯＸのIT対応は，ログ管理やIT教育などの基本的事項以外にほとんどなくなるのである。

　一等地のビル内のオフィス・スペースを占拠していたサーバー・ルームというデッドスペースがなくなることで，一層の隠れたコスト削減が達成される。

　また，ＩＴを運用・保守・管理するＩＴ要員は，クラウド・ベンダー側が全て行うために不要となり，ＩＴ要員が雑多な作業に追われなくても済むようになる。

　更に，自社で雇用できるＩＴ要員よりも，はるかに集約的に高度なＩＴ人材をクラウド・ベンダー側で備えているケースが多く，自社内の人材よりも高いレベルでITの運用・保守・管理ができるようになる。

　これは，何もIT部門がいらなくなるということではない。ＩＴ部門の人材は，クラウド統制によって，非常に雑多なIT対応，運用・保守・管理の問題から開放され，より戦略的な問題に取り組んでいくことができるということなのである。

　現時点では確かに全ての基幹システムをクラウド上に移行することは難しいかもしれないが，シンクライアント＋全面クラウド化が実現すれば，社内で行うべきことは，従来のＩＴ統制でいうところの，アクセス管理やＩＤ管理やロ

## 第18講　クラウド統制記述書の活用と内部統制の低コストでの監査対応

グ管理に加え，ＩＴリテラシーを養う人材教育程度になってしまうのである。

18号監査報告書かSAS70レポートを出せるクラウド・ベンダーに委託して，クラウド統制を機能させる前述のＪ－ＳＯＸクラウド・パーク構想が実現すれば，更に大いなるメリットが得られるのである。

すべてをクラウド化しない段階においても，部分的・段階的にクラウド化することによって，クラウド・ベンダーが運用・保守・管理する分だけ自社の負担が減り，自社の中である程度は人材・労働力の余裕ができてくるであろう。

その余裕のできた人材・労働力を，自社の中でより重点的なＩＴ資産・ＩＴ拠点に配置していくことができるようになるのだ。従来のＩＴ統制では成しえなかった，ＩＴ統制におけるビッグバンが起こる，即ち，クラウド統制が台頭してくると考えられるのである。

また，ＩＴ全社的統制においては，これまで親会社・子会社においてバラバラにＩＴ環境を整えていたところを，同じプラットフォーム，同じベンダー，しかもそこが18号監査報告書やSAS70レポートを出せるＪ－ＳＯＸ上で非常に好ましい業務委託先に任せているということによって，ほとんどこのIT全社的統制に関しては自社が手間をかけることがなくなるのである。

つまり，基本的な方針書にそって，同一のＩＴ環境を安価にかつ早期にスタートできるクラウド上で，ほとんどのＩＴ処理がなされていくことで，自然と全社的統制やＩＴにおける整合性が保たれていくのである。

よって，いちいち各社ごとにすべての事細かな，バラバラなＩＴ資産に対して，多大な手間暇とコストをかけて共通の指針といったものを無理やり押しつける必要は，今後は，なくなっていくであろう。

第19講

# 内部統制のプロの視点

## ■ 日本版SOX法に迷走する企業群：
## 　難しいことより当たり前を当たり前に……

　多くのJ－SOX対応企業を指導させて頂いているが，企業の多くが内部統制の文書化3点セットにばかり目を奪われ，形式だけ整えておけば大丈夫，というような姿勢が散見される。

　内部統制において職務分掌が大事といわれれば，とりあえず担当者を2人そろえて形式上はそれができているようにしている企業が多い。

　しかし，本来，もっと重要なことは，企業の不正を許さぬ風土の醸成や，職務分掌した担当者間で共謀が行われないように働きかけるための施策として，全社における全社員（非正規社員含む）への内部統制教育を徹底することである。これは，日本版COSOモデルの第一の構成要素である統制環境という点から明らかである。

　筆者が感じるに，企業内の内部統制プロジェクトチームや内部統制推進室が，全社教育を推進できるほどの余力がないようだ。外部講師への内部統制教育の依頼や，マネジメント系研修担当の人事部門を巻き込んだ対応が必要とされているようである。

　このところ，やっと，人事部門からコンプライアンス研修をして欲しい，というような依頼が増えてきた。これは，まだまだ首都圏の企業だけでのお話で，

地方企業では内部統制研修の重要性を理解するミドル層・トップ層が少ないのは残念である。

　筆者は，各地での指導・講演や執筆活動等を通じて，内部統制対応における人材教育の重要性を声高に訴えてきている。J-SOX対応にあたり，地域間情報格差や対応能力格差の是正に向けて，日々，各地で活動しているが，まだまだ内部統制の各種課題の解決に至るには，時間がかかるように思われる。引き続き，地道な努力を重ねていかなければと筆者は思っている。

　IT面においては，例えば，ログ管理が形骸化してしまっている企業が多い。ログすらまともに取得していない企業が地方ではまだまだ多くある。ログを取得しているという企業でも，単にログを取りっ放しにしているのは問題である。それは，単なるログの取得であり，管理に至っていないのである。

　ログから「内部統制の意思決定」に必要な情報を分析し，「内部統制のBI（ビジネス・インテリジェンス）」としての「RI（リスク・インテリジェンス）」として，ログを発見的統制のキーとして最大限に活用する必要がある。問題の早期発見・早期是正ができるログ活用ができて，はじめて，ログ管理が実践できているといえるのである。

　また，その他のデータ監査（ツールとしてはコンピュータ利用監査技法（CAAT）に用いるACLの活用）により，ITが単なる「モノ」から，縦横無尽に機能する「有機的なデータの連合体」となるようにフル活用する事が重要である。そうして，はじめてITが「仏作って魂入れず」の状態から脱却できるのだ。

　「企業は人なり」とよくいうが，その「人」の「心」が不正を起こす源である以上，仏作って魂入れず型のJ-SOX対策から，「魂」を込めるための教育を重視しなければならない。

　その教育は，専門用語の解説に明け暮れるというようなものではなく，身の回りをとりまく既に行っている内部統制行為（ハンコ1つも内部統制である）を整理し，内部統制の体系的理解を進め，日常業務に根ざした，血の通った，現場の従業員にもわかりやすい教育展開が不可欠である。

　業務のひとつひとつを「正直に，正確に，正式に」対応する事の重要性や，

「リスク情報・不正情報などのホウ・レン・ソウ」が大事である事など，専門用語抜きに内部統制を語れるように留意する事が肝要である。

# 「七文字式内部統制」で内部統制の肝を理解する

各地で内部統制セミナーが実施されてきたが，その多くがハウ・ツーものであるような気がして，筆者は一線を画する形で，現場の方々にも理解してもらいやすいセミナーを手がけている。

昨今の内部統制が崩壊して起こってしまった不祥事を分析してみた結果，内部統制の肝はたった7文字の原則に集約されると見抜き，各地のコンサルティングや講演等でお話している。

では，その7文字とは何なのか。3つの「正」の頭文字と「適時適切」の4文字に集約される以下の簡単なことである。これを筆者は「七文字式内部統制」と呼んでいる。

「**正直に，正確に，正式に**」対応する事を「**適時適切**に」行う

内部統制の実効性ある実践は，この7文字の原則に沿った日々の活動によって担保される。

「正直に」対応しなかったために起こった不祥事の例は，赤福や船場吉兆のような偽装表示がある。また，「正確に」対応しなかったために起こった不祥事の例は，湯沸かし器の安全装置を不正に切断し，あたかも正確に機能する製品として修理対応したパロマの事件がある。

更に，「正式に」対応しなかったために起こった不祥事の例は，ある原子力関連機関の従業員が，官公庁のガイドラインや社内マニュアルを無視して，「これくらい"正式な"対応ではないが手順を省いても大丈夫だ」として，核物質をバケツで容器に移し変え，その失態の結果として，臨界事故を起こし，その

従業員も被爆して健康被害が出たというケースがある。

　また、「適時適切に」対応しなかったために起こった不祥事の例は、ある事故を起こしてしまったらある企業が官公庁の指定する期日内に報告するとした決まりがあるのに、適時性を無視して、期限にあえて遅れて報告するような企業群（情報操作にあたる）や、ミサワホーム九州のように、適時適切な会計ではなく、売上を前倒しで不正計上した不正会計処理のケースがある。

　このような7文字の原則の内、たった1文字でも欠けると大きな問題が引き起こされてしまう。しかし、この7文字を全部兼ね備えると、却って企業価値が向上する。

　その例としては、松下電器産業（現　パナソニック）の有名なテレビCMで、「松下電器産業はFF式暖房機を探しています……」というリコールCMがある。このCMが画期的だったのは、「我が社はこのような失敗をしました」と言う事を、企業自らがお金を払って、しかも、ゴールデンタイムと呼ばれるCM料の高い時間帯に全国各地で一斉に放映したという、「正直な」対応であり、また、「正確に」FF式暖房機（どの暖房機かわからなければ対処のしようがないため）のこのような煙突の出たタイプのものが一酸化炭素中毒事故を起こすという、どの型番・どういったリスクという点が「正確に」示されており、更には、「正式に」公共電波でのCMが放映され、ホームページやお客様窓口や記者会見などの場で正式な対応がなされていた。

　もちろん、このようなCMは真夏に流されることが効果的なのではなく、冬を中心に秋の頃、また、春の頃にも、「適時適切に」暖房機が使用され始める、暖房機を目にして手にする頃を見計らった、消費者目線に立っての絶妙なタイミングでCM放映がなされたという点は、実に不祥事対策にたけた心にくい対応であると筆者には感じられた。

　同社の例は、このような「七文字式内部統制」で内部統制の戦略的な先手を打つ対応によって、却って、顧客からの信頼性を高める結果に至った。

　つまり、「松下電器産業の商品を買えば、もし何か問題があっても、正直に正確に正式に対応を適時適切にしてもらえるから安心だ。(製品は異なるが) パロ

マと違い，ウソをついたり情報開示が遅れるなんて事はないしね……」というような消費者心理が醸成されたわけである。

「内部統制とは，かくかくしかじか……」と御託を並べるよりも，もっと平易な言葉に置き換えて，七文字式内部統制の理解と実践を始めていく方が，各従業員において手軽に内部統制の判断軸ができていいのではないかと筆者は思っている。

## 内部統制うんぬんの「高いレベル」での議論より，「実際に意識して実践できているか」が問題

昨今の偽装問題や各種不祥事は，基本的に内部統制がどこまで浸透していたか，あるいは，経営者としては全社に，部門長としては自部門に，各社員（非正規社員含む）としては上長への垂直型のチェック・アンド・バランス（「内部統制のホウ・レン・ソウ」や内部通報や内部告発など）として，どこまで浸透させていたかどうかが問題なのである。

コンプライアンスや業務活動の有効性・効率性などの，実効性を高めるための仕組みが内部統制である。しかし，どうも，内部統制研修やセミナーを受けた方々は，教室で学ぶ知識として内部統制のあり方を学ぶものの，健全な内部統制を身近なところから意識的に実践しようとする方々が少ないように見受けられる。

あるエコロジーを訴えるCMでは，「エコロジーを"知っている"から"している"へ」というフレーズを用いて，端的に，ある専門知識を持っているだけでなく，その学んだ知識を活用して行動に移す必要性を説いていた。

営業部の部門長や各営業担当者と話していると，「内部統制って，内部統制推進室の仕事でしょ？」という方々も多く見られるのは残念なことである。

他部署任せの内部統制はあり得ない。会社としての内部統制の総責任者は社長であり，各部門における内部統制の部門責任者は各部門長（営業部長も購買管理部長等の他の部門長も同様）であり，内部統制の担当者は各社員（非正規社員も

役員も管理職も含む）であり，便宜上，内部統制推進の旗振り役として内部統制推進室があるのである。

　内部統制に関する残念な誤解は，各部門長が，内部統制推進部門が営業部やその他の部門における内部統制行為・業務を代行してくれるものだと思っているという誤解である。ひとりひとりが内部統制の主人公であることを忘れ，内部統制対応を傍観者的に関わろうとする者が多いことは，もはや，内部統制の実効性が崩壊しているとしかいいようがない惨状であり，経営偽装といって良い。

## ▌「内部統制リテラシー」を高めることなく偏見として感じてしまう「内部統制は地獄だ」という思い込み

　胡散臭いコンサルタントが手掛けた内部統制指導によって，現場の職員の方々が「職場が窮屈になった」とか，「新たに面倒な手続きが増えたし，これまでやってきた事ができなくなったりして融通がきかなくなって，もう内部統制地獄のようなものだ」というような悲鳴に近い声を筆者に寄せられることが多くあった。

　筆者は，他社コンサルティング企業のやったこととはいえ，何らかのお役に立とうと，そのような声にならない悲鳴のような声に耳を傾けて相談に乗ってきた。

　確かに，ろくに内部統制教育を受ける事もなく，ただ，「あれをやってはダメだ，これをやってはダメだ」と日常作業が制限され，やたらと手続きに必要なドキュメントが山のように増えていくことは，現場として，何か積極的に行動を起こしたら怒られるから，もういわれた事・決められた事だけやっておこう，という内部統制強化を契機とした「内部統制の指示待ち人間」が増えても仕方ないのかもしれない。

　職場には「やらされ感」ばかりが地獄の業火のように蔓延して，内部統制強化によるモチベーション低下が起こっていることは，明るい内部統制を呼び掛

## 第19講　内部統制のプロの視点

けてきている筆者として残念でならない。

　しかし，内部統制は本当に地獄なのだろうか？
　逆に，内部統制の一切ない職場は天国なのだろうか？

　例えば，既存のIT環境にIT統制が一切なく，社員の給与管理システムが，社外の人間か社内の人間かわからないものの勝手にアクセスされ自分の給料を盗み取られる仕組みだったと仮定してみよう。
　あなたの給料は，ITシステムが改ざんされて，本来支給される額の半分に減らされてしまうかもしれない。
　これは，内部統制がない職場で起こり得ることである。果たして，内部統制のない職場は本当に天国なのであろうか。むしろ，内部統制のない職場の方が地獄である。
　内部統制は，お金儲けのための戦略遂行において，コインの裏表の関係にある戦略遂行の阻害要因（リスク）を適切に管理して，社員同士がお互いにより安心して健全かつ効率的に，より健全に儲け続けるために取り組む幸せに向けての経営システムである。
　つまり，内部統制は儲け方を問うものであり，一言でいえば，内部統制は「健全に儲け続けるための仕組み」ということである。
　また，内部統制を整備・構築・運用する事は，内部統制強化により整えられた仕組み・プロセスに従っていれば，自然とお互いに身の潔白を証明し合えるという事であって，社員同士が疑い合う必要がない健全な職場作りに寄与するものである。
　内部統制の良い面がほとんどといって良いほど見つめられていないのは，内部統制を教育・指導する側に問題がある。
　多くの方々は，内部統制についてやたらと細かなルールや専門用語や書類作成手法を覚える力ばかりが鍛えられてきたのであろう。
　その「覚えて妄信的に従う力」を養うのではなく，内部統制は，暗記するも

のであるというよりも、「必要なものは参照しつつ内部統制を読み解き活用する力」、即ち、筆者がよく述べる「内部統制リテラシー」を養う事で実践力を身につける方が重要なのである。

経営層をはじめとする全社員（非正規社員を含む）に内部統制リテラシーが備わってはじめて、内部統制対応作業が「やらされ感」から「納得感」に変わり、各自が自律的に的確な判断の下、日常作業が今までより健全かつスムーズに行われるようになるものである。

## 内部統制のＰＤＣＡサイクル
## ～全国の企業におけるJ－SOX・内部統制の課題～

　J－SOX・内部統制・ERM（エンタープライズ・リスク・マネジメント）などの相談会やコンサルティングをはじめ、企業研修を行っている中で、どうも、多くの優秀な役員～社員の方々が、専門用語や文書化3点セットや内部統制の有効性評価（テスト）などの書類を整える知識やスキルを身につけるレベルにとどまっているのがほとんどであるように筆者は感じられる。

　それらのスキルやナレッジをもって、日常業務でどう部下を指導教育し、内部統制のPDCAサイクルを回すかについて十分に検討していない方々が散見される。

　また、内部統制のPDCAサイクルを回すことが重要である、ということすら理解できていない方々が圧倒的に多くいるようだ。

　内部統制に関して、そのような非常に残念な企業の取り組みが多く見受けられる。これには、おそらく、内部統制コンサルタントや監査法人のアドバイザリー・サービス担当者の指導力が低いことが原因なのだと筆者は思う。

　多くのコンサルタントやアドバイザリー・サービスの方々は、フォーマットの提供とフォーマットの作成方法の指導に終始してきてしまった。これでは、そのような専門家は、各企業が主体的に内部統制を運用・改善することなど、一部の優秀な内部統制担当者を除き、実践ができない状態で放置してしまって

いる大罪を背負っていると言える。

　単なる法令クリアのための文書作成業務を，膨大な資金を企業に投入させて暴利をむさぼったコンサルタント達は，次なる会計基準の変更に関わるコンサルティングでまた暴利をむさぼろうとしている。このようなコンサルタントに当たってしまった企業の方々が，筆者としては不憫でならない。

## 内部統制におけるＰＤＣＡサイクル
## ～日本版ＣＯＳＯモデルに沿って……～

　内部統制について学ばれた方なら，既に何度も目にしてきた日本版COSOモデルは，意外と，知識としてだけしか知られていない。つまり，内部統制の基本たる日本版COSOモデルに沿って，内部統制を実践している企業はほとんどといって良いほど見かけられない。

　基本的には，内部統制は，日本版COSOモデルの構成要素を上から順に対応すれば良い，という当たり前のことを当たり前にすれば良いだけなのである。

　まず，①「統制環境」として，「不正を許さぬ風土づくり」をする。具体的には２つの対処が必要で，善悪の判断基準作りとしての規程類・内規の整備と，それらを周知徹底して善悪の判断基準を理解させ誤った言行をとらないようにする内部統制リテラシー教育の２つの対処が求められる。これにより，統制環境が「他の基本的構成要素の基礎となるもの」となるのである。

　もちろん，そのためには，社是・経営理念という，各社が是とするもの・非とするものを記述したミッション・ステートメントに立ち返る必要がある。

　次に，②リスクの評価と対応によって，どのようなリスクがどれくらいの重要性があり，重点的なリスクにどう重点的に対応するのか，というポリシーを策定する必要がある。ここまでがPDCAサイクルで言うＰ（プラン）の部分となる。

　ちなみに，Ｊ－ＳＯＸ対応では，ウォークスルーによって，このＰ（プラン）で策定・整備構築した規程類や内部統制の文書化３点セットなどが整備状況とし

て適切かどうかを確認する。

その後，実際に③統制活動（ハンコひとつ押すのも申請―承認の統制行為の実践）と④情報と伝達（簡単にいえば，内部統制のホウ・レン・ソウ（報告・連絡・相談）で，内部通報制度もここにあたる）を実践するのである。これら2つの構成要素が，PDCAサイクルではD（Do）にあたる。

## 内部統制の見せる化

そして，適切なP（プラン）に沿ってD（Do：実践・運用）されているかをC（チェック）するために，⑤モニタリングが必要とされる。

このモニタリングは，J－SOX対応における内部統制の有効性評価(テスト)が該当するし，個々の具体的な統制行為に対するモニタリングでは，異常なログのチェックで問題を早期発見・早期是正するような活動がモニタリングに該当することになる。

要するに，語弊を恐れずに噛み砕いて言えば，「計画通りにちゃんと本当に実践・運用できているのか？」ということを確認するという単純な話である。

モニタリングの際に，発見的統制であれば，J－SOXの全般統制でも善管注意義務の上でも重要なポイントはたった8文字の原則にまとめられる。

そのモニタリングにおける重要な8文字の原則とは，これまでに筆者が何度か記載してきた8文字であるが，問題や事件や事故などの「早期発見・早期是正」するという8文字の原則である。

ITであれば，ログ管理を徹底する必要がある（ログの取りっぱなしではなく，その記録から内部統制の意思決定をするための情報活用をする，RI：リスク・インテリジェンスを進める必要がある）。

ここで，重要なのは，キーとなる8文字の原則にもあるように，問題を発見してそのまま放置するという不作為による作為を招かぬよう，問題の改善が必須だということである。見て見ぬふりをすることは，内部統制を崩壊させる経

営姿勢である。

　つまり，モニタリングは，C（チェック）とA（アクション）の双方がそろってはじめてモニタリングが機能していると言えるのである。

　どれほど内部統制の整備構築と運用をやっていても，本当に内部統制として機能しているのか，という確認をして企業の健全性を社内外に示す「内部統制の見せる化」ができなければ，内部統制対応として取り組んできたことは，単なる自己満足の文書づくり，内部統制ごっこでしかあり得ないのである。

　ちなみに，「見せる化」という言葉は，昨今，言葉だけが踊っているようである。ここで，筆者は「見せる化」について，こう定義している。

　　　"「見える化」＋説明責任（アカウンタビリティー）＝「見せる化」"

　つまり，自社内の情報活用による「見える化」できる状態から，その情報をクリアに社内外に説明責任を持って開示することで，はじめて「見せる化」が達成されるものである，というとらえ方を筆者はしている。

　最後の⑥ＩＴへの対応は，ＩＴにおいても同様の内部統制のPDCAサイクルを回しつつ，この要素に含まれる2つの側面を満たすべく取り組むことになる。その1つ目の側面は，ＩＴ自体が健全であることである。そして，その2つ目の側面は，健全なＩＴを用いて内部統制を強化することである。

　今更ながら内部統制の基本である日本版COSOモデルの話をこの時期にしているのは，筆者が繰り返し各地・各メディアで述べている「当たり前のことを当たり前にする」ことの重要性について，今一度，原点回帰して頂けるよう，各企業様や専門家の方々に促すためである。

　基本を大切にすること，そして，基本ができるまで繰り返し教育・指導することが，内部統制の実効性向上の重要なキーになるのである。

## 第20講

# 内部統制・内部監査は報われない仕事か

　内部統制や内部監査を担当する多くの方々は，必ずしも，調査する相手や聞き取り相手を憎んでいるわけではない。

　むしろ，内部監査や内部統制担当者は，仲間である社員・職員の身の潔白を，監査において会社や組織がその社員・職員に代わって証明する仕組みとして，監査・内部統制を行うのである。これは，筆者が国連で内部監査業務を行っていた時に感じていた本音である。

　しかし，企業の現場の方々は，内部統制や内部監査の担当者を嫌う傾向がある。現場では，「同じ会社で働く仲間を疑うのか？」と声を荒げる方もいれば，「内部統制や内部監査は性悪説だから良くないものだ。いちいちチェックなんてしないで仲間をもっと信頼すべきだ！」という思いを持つ方もいる。

　一昔前であれば，監査を担当する者には，「やたらと重箱の隅をつつく偏屈者」，あるいは，「協調性がなく孤立した頑固者」が追いやられる「閑職」のような，社内での監査・内部統制担当者への受け止められ方がされていた。

　しかし，偽装問題や各種不祥事で企業経営が行き詰ってしまう昨今，内部統制や内部監査の重要性が増していることは自明のことであり，内部監査・内部統制担当者は，閑職に追いやられる者でもなければ，偏屈者でもない。

　現在の内部監査・内部統制担当者は，企業経営が不祥事を起こして倒産に至ってしまうような危機を救う，企業健全化を図る重要な任務を担った，スポーツでいえば華麗なファインプレーで危機を救う守備のスター選手のようなもの

である。

　それでもなお，内部統制や内部監査という言葉自体が，現場の方々に敬遠されるのはなぜなのだろうか。

　また，内部統制や内部監査における現場を巻き込んで健全に儲け続けられる会社づくりにおいて，それらの担当者の接し方は，現場にあらぬ誤解を生んでいないであろうか。

## ▍「報われる」という「報酬」の基準

　内部統制や内部監査の部門においては，営業部の「売上高」「ノルマ」や，研究開発部門の「特許取得件数」というような数値管理が行いにくい。

　もちろん，内部統制や内部統制部門において，強引に数値管理ができないことはない。例えば，「不正検挙数」や「裁判で監査対象者を有罪に追い込んだ回数」など，およそ，内部統制や内部監査の建設的で根本的な目的を逸脱するような，一応の指標管理をすることは可能である。

　しかし，内部統制や内部監査の重要性は，不正を多く検挙することでも，仲間を有罪にすることでもない。

　そもそも，仲間が不正を起こして犯罪者にならなくて済むようにすること，また，万が一，不正を起こしてしまった際も，取り返しのつかない最悪の事態を避けるための歯止めをかけて仲間を人生の転落から救うことが，内部統制・内部監査の最大の役割なのである。

　筆者は，指標管理による狭義の成果主義によるボーナスやインセンティブが，内部統制や内部監査の部門における最大の報酬となることを求めるべきではないと考えている。

　それらの部門における「報酬」の基準は，一言で言えば金銭的報酬ではなく，正しいことを正しいと主張し行動できているという「精神的報酬」であり，誰かの役に立つ「ソーシャル・サポート」による自己実現であると筆者は考えて

いる。この場合の誰かとは，社内の仲間をはじめ，取引先や消費者全般を含むステークホルダーを指している。

　もちろん，内部統制や内部監査の高度なスキルやナレッジを習得した者は，転職において，年俸の向上という金銭的報酬を受けることはあろう。

　しかし，一旦，転職した後は，やはり，前述の「精神的報酬」及び「ソーシャル・サポート」による自己実現こそが，内部統制・内部監査担当者の最大の報酬であるべきだと筆者は考えている。

　残念ながら，現時点では，新卒の方々をはじめ，各企業の社員の間においても，内部統制や内部監査の部門に至るキャリアパスが明確でなく，加えて，「あの人のようになりたい」という内部統制・内部監査のロール・モデルを提示できる人材や社内の表彰制度などが，皆無といって良い状態である。

　筆者も国連において，また，民間企業においても，内部監査を担当してきたが，筆者は内部統制・内部監査の業務遂行にあたり，誰かを悪者に仕立てようとか，誰かを有罪にして嬉しいといった思いを抱いて仕事をしたことはなかった。

　むしろ，職員や社員の仲間の潔白を，その方々に代わって証明し，最悪の「泥沼法廷闘争」を避けるために力を尽くしてきた。

　「お前は悪人だろ！」と疑われて嬉しい人はまず誰もいないと思うが，それと同様に，内部統制や内部監査を担当する側の人間は，誰かを悪人と疑って仕事をしていて嬉しいと感じる人はほとんどいないであろう。

　内部統制や内部監査で重要なのは，「悪者探し」ではなく，誰しも犯罪心理学的にも一般感情的にも陥ってしまいがちな「問題あるプロセスや状況」を発見し，そもそも問題を起こさずに済むように改善すべき「原因探し」をすることである。

　各社・各社員は，人格否定や人権軽視ではなく，人間尊重の上で，法治国家における内部自治として，企業経営において問題となる「言行」や「状況」を内部統制・内部監査業務を通じて改めていくことが重要である。

# 現場を巻き込む健全な内部統制・内部監査の「疑う」流儀

　筆者が本項をしたためようと思った理由は，内部統制や内部監査におけるモチベーション向上や特有のコミュニケーション研修が皆無の状態だからである。

　よく，研修会社が「売上アップのためのモチベーションUP講座」や，「デキル管理職のためのコミュニケーション研修」などと銘打った社内研修や講演を実施するのに比して，内部統制や内部監査におけるそれらの研修をみかけることは皆無である。

　筆者は，これまで一貫して，コンサルティング・社内研修・講演・執筆等を通じ，内部統制や内部監査への偏見を解き，モチベーション向上や円滑なコミュニケーションの必要性を訴えてきた。

　現場に理解され納得感ある内部統制・内部監査を進められるようにするためには，「内部監査コミュニケーション講座」のような，内部統制・内部監査における無用な現場側の誤解を解き，適度な緊張感の中で友好的な業務遂行ができるようにするための講座があるべきだと筆者は思っている。

　多くの日本企業では，J－SOX対応（金融商品取引法における内部統制対応）や，新会社法や判例による内部統制要求のいずれにおいても，今もなお，会社を健全にするはずの内部統制や内部監査を進めれば進めるほど，企業内のモチベーションを下げ，職場をギクシャクさせてしまうという，内部統制・内部監査の逆説的な状態が解消されていない。

　そこで，筆者は，円滑で明るい内部統制・内部監査を行うため，"「疑う」流儀"を提唱し，機械的な内部統制・内部監査対応に終始してしまわないよう，心が通い笑顔で業務遂行できるようにする流儀を，各社員が備えていく必要があると考えている。

　不正は機械やモノが起こすのではない。不正は人が起こし，その人の言動はその人の心が起こすのである。

　筆者は，不正防止の最大のコントロール（統制）は，社内で働く方々の幸福

感であると考えている。会社で健全に幸福感を得ている人は，その幸福感を崩壊させる不正や背信行為を行う動機を持ちにくいと考えられるのだ。

その幸福感を，機械的な内部統制・内部監査対応で損なってしまっては，誰も幸せにしない内部統制・内部監査になってしまう。

つまり，不正を起こすのは人間であり人の心であるが，その不正を正す内部統制・内部監査を行うのも，またそれらを担当する部門にいる人間でありその人の心が内部統制・内部監査を行うのである。

人と人との良好で誤解を生じず円滑なコミュニケーションや相互尊重がなければ，どれだけ崇高な理念を掲げた内部統制・内部監査であっても，容易には職場の仲間の同意や協働や共鳴を得られることはない。

むしろ，そのようなことは，相手に理解されないまま，一方的にその言行の崇高さ・重要性を，相手側に有無をいわせず押し付ける行為となってしまい，それは，もはや，相手を軽んじる侮蔑的な対応と相手に受け取られる言行となってしまうのである。

内部監査・内部統制において，現場の反発として「お高くとまりやがって」とか「何でもかんでもあれこれ指示して現場の人間を縛ったり物事を押し付けてくる」というような相手側の反発的な感情や誤解を招くことは，社内コミュニケーションの悪化やモチベーションの低下といった，マネジメント上の重要なリスクと課題としてとらえるべきである。

そういったリスクに対応できないままに行う内部統制・内部監査は，内部統制・内部監査担当の部門が引き起こす「内部統制に起因する企業健全化の重要な欠陥」ととらえる必要があるとさえ筆者は考えている。

## "「疑う」流儀"の3つのポイント

適度な緊張感と友好関係を築く内部統制・内部監査を実現するためには，相手を尊重し建設的な対応を促すための"「疑う」流儀"を身につける必要がある。

## 性悪説から性善説に至るプロセスとしての内部統制

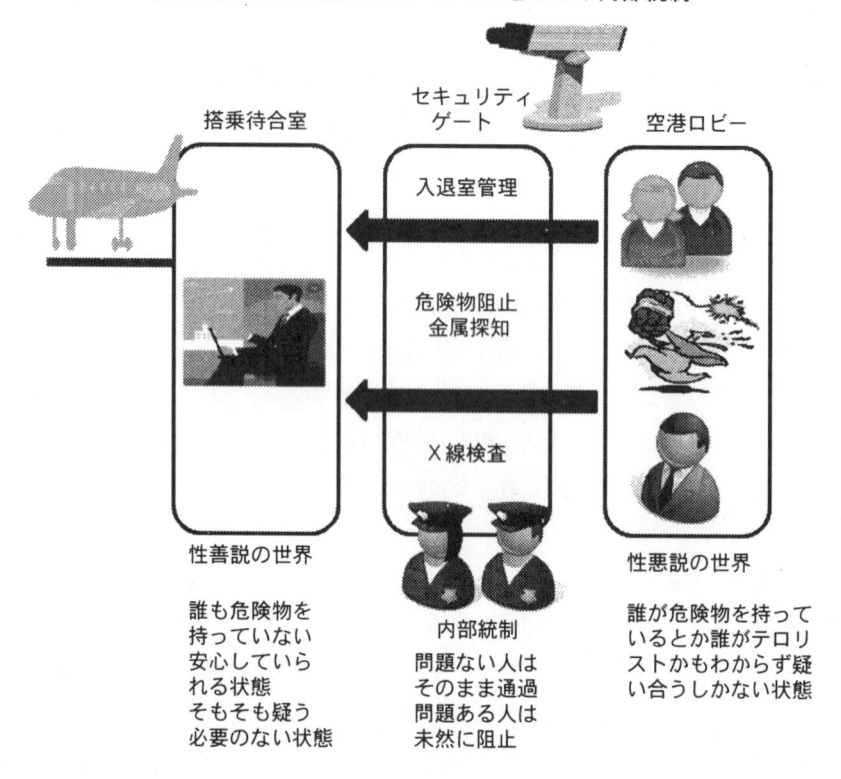

**搭乗待合室** ← 入退室管理 ← **空港ロビー**
セキュリティゲート
危険物阻止 金属探知
X線検査

**性善説の世界**
誰も危険物を持っていない安心していられる状態
そもそも疑う必要のない状態

**内部統制**
問題ない人はそのまま通過
問題ある人は未然に阻止

**性悪説の世界**
誰が危険物を持っているとか誰がテロリストかもわからず疑い合うしかない状態

　まず，大前提として，内部統制や内部監査は，上図に示すように，性悪説でも性善説でもなく，性悪説から性善説に至るための廊下のような，性善説に至るために必要なプロセスであるということを念頭に置いて頂きたい。

　図では，読者諸氏が，出張やレジャーなどで利用する空港を例に挙げている。空港のロビーに着いた時は，誰がナイフや爆弾や可燃物といった危険物を持っているかわからない，言ってみれば，「お互いがお互いを疑い合わなければ身の安全を守れない」性悪説の世界が広がっている。

　ここで，先人に言葉をもじれば，「万人の万人による疑い合い」の世界が広がっているということもができるであろう。そこから，あるプロセスを経て搭乗待合室にいき着くと，そこでは，もはや誰もがそれらの危険物所持者におび

えなくても済み，お互いに疑い合わなくても良い状態で身の安全が確保される性善説の世界が広がっている。

そのプロセスこそが，空港の図の例では，セキュリティー・ゲートという，内部統制・内部監査的な機能を果たす仕組みなのである。

このセキュリティー・ゲートでの「疑う」ことは，あくまでも，社会生活を円滑に行い合うために，空港に集まった集団が警察という外部監査人のような存在の力を借りることなく，空港という組織が内部自治的に全体幸福に向けた健全な「疑う」行為である。

また，それは，旅行者の個々人が無秩序に，過剰な敵対感を相互に抱くことなく，善良なる旅人であることを，セキュリティー・チェックにあたる方々が，その個々人に代わってその個々人の身の潔白を証明し，幸せかつより快適・安全に空の旅を楽しむための重要な機能を果たす。

セキュリティー・ゲートを問題なく通過できる方々は，その後，搭乗待合室で誰をも危険物所持者ではないかと疑い合わなくて良いようになる。

つまり，企業における内部統制・内部監査は，仲間が職場において無秩序で過剰な不安・不快感を抱かなければいられない状態を解消し，仲間の不祥事で企業経営が行き詰って職を失う恐れを抱かなければならない状態も解消し，のびのびと安心して働ける職場づくりをするものである。

その例として，単に財務会計上のリスクのみならず，サービス残業の是正や，セクハラやパワハラの防止なども，内部統制・内部監査として本来的に課せられている使命であり仕事である（残念ながら，これらの例はあまり企業内の内部統制・内部監査として機能していなかったり，内部統制・内部監査の方々が「それらは人事部の仕事だから関係ない」と誤解していたりする，非常に遺憾な現状がある）。

ここまで述べた上で，図の例にあるような健全な"「疑う」流儀"として重要なポイントを3つだけ述べておく。その3つのポイントは，①目的の明確化，②外柔内剛，③「表現と内容」，という以上の3つである。

① 目的の明確化とは，内部統制・内部監査を担当する側も被監査側も，双方が常に明確にしておく必要がある「何のために」ある言行を行うのかと

いうことを明確にしておく必要があるということだ。

　往々にして，被監査側の現場の仲間たちは，内部統制や内部監査は，現場を縛るやっかいなものととらえられがちである。

　しかし，既に述べたように，法治国家における内部自治的な企業活動における全体幸福のため，より健全に，かつ，不祥事で足下をすくわれて倒産・失業することなく，より末長く安定した企業経営を行うために，内部統制・内部監査が行われるということを，随時，明確に自らも確認し相手にも伝えていく必要がある。

② 外柔内剛とは，ソフトなコミュニケーションを保ちつつも，芯をぶらさず，感情的な判断に陥ることのないようにすることである。

　何も，内部統制・内部監査の担当者は，卑屈に腰を低くする必要もなければ，傲慢・高圧的に相手を問い詰める必要もない。重要な事は，相手を尊重すると同時に，自らの正当性がある限り自らが自らをも尊重し，友好的な関係の中に一定の緊張感を保てるようにすることである。

　ちなみに，感情的判断とは，単に，相手に激昂することだけでなく，不正を犯してしまった相手に対して，同情して信賞必罰を行わないということも含まれる。

③ 「表現と内容」とは，ソフトなコミュニケーションにおいても欠かせないことであるが，表現としてはソフトで相手を尊重しつつ，その問いかける内容が芯のある法的にも倫理的にも重要な内容を持ったコミュニケーションを行うということである。

　語弊を恐れずに例を挙げれば，「バカ」と相手にいう際，同じ「バカ」という内容・言葉であっても，表現ひとつで意味や相手の感情が異なってくるのである。

　激昂して「バカ」と相手にいえば，相手は萎縮したり，重要な情報を隠したくなったりする防衛本能が働いて内部統制・内部監査がうまく機能しないことがある。

　その一方，愛する恋人から冗談交じりに微笑んで「バカ」ね，といわれ

## 第20講　内部統制・内部監査は報われない仕事か

れば，それは愛情や親密さや友好性を意味する内容・言葉として温かく好意的に受け取られるコミュニケーションとなり得る。

　同じ内容を伝えるにしても，言葉ひとつでカドが立つこともあれば，丸く収まることもある。内部統制・内部監査において，とかく，軽視されがちな「表現と内容」については，筆者はコンサルティング等の場で指導しているが，全国各社で欠けがちな観点であり留意が必要である。

以上につき，筆者が内部統制・内部監査において日本初で提唱している"「疑う」流儀"の触りをお伝えした。機会があれば，詳しくは，実例や実際に各企業で見られる失敗例を添削・解説するような執筆・指導なども行っていこうと思う。

　本記載が，まずは，初めの第一歩として，各企業の内部統制・内部監査の逆機能を解消する上で役立てば幸甚である。

# おわりに

　本書を通じて，筆者は多くの内部統制関連本が述べきれていない問題提起や課題への一歩突っ込んだ主張を展開してみた。

　しかし，内部統制に関する日本における研究は，まだまだ今後の新たな発展余地が残されていると共に，筆者自身にも多くの研究上の課題を克服していく必要があると共に，新たな成長を求められている状態である。

　そのような中で，本書がどこまで内部統制の深淵に切り込めたか，また，金融商品取引法と会社法とにおける内部統制の調和や新たな発展や，コーポレート・ガバナンスと内部統制との調和を見出せているか，更には，新たな経営環境の変化（クラウド・コンピューティングの台頭や国際会計基準への対応等）に内部統制がどう環境適応していくべきか等について，是非，読者諸氏から筆者に忌憚なきご意見・ご感想を頂ければ幸甚である。

　また，学術・実務を問わず，本書を手にとって頂いた専門家の方々が，筆者と共同研究をご希望頂けるなら，是非，筆者にご連絡頂きたい。

　本書を手にとって頂いた読者諸氏には，ここで心より御礼申し上げたい。

　また，昨今の出版不況と呼ばれる環境下で，本書出版の場を頂いた税務経理協会の方々には，内部統制の普及発展の上で，筆者をご支援頂いたことに厚く御礼を申し上げたい。

　特に，本書に多大なご期待を寄せて頂き，筆者と会談をご希望頂き熱心にお話し頂いた同社常務取締役の大坪様や，取締役編集局長の宮下様をはじめ，出版実務をご担当頂いた編集部部長の峯村様と同編集部の大川様には，大変お世話になり心より感謝している。

　最後に，本書が内部統制の普及啓発とより良い発展をもたらす契機になることを願いつつ，多くの企業や組織，多くの方々が，現在の内部統制事情に新たな視座を持って頂けるよう祈って筆を留めたいと思う。

戸村　智憲

# 著者略歴

**戸村　智憲**（とむら・とものり）
　日本マネジメント総合研究所　理事長
　早大卒。米国ＭＢＡ修了（全米トップ0.5％に授与される全米優秀大学院生を受賞）。米国博士後期課程（Ph.D）中退。国連勤務にて，国連内部監査業務ミッション・エキスパート，国連戦略立案ミッション・エキスパート・リーダー，国連職員研修特命講師，国連におけるＣＳＲ運動である「国連グローバル・コンパクト（ＵＮＧＣ）」広報などを担当。民間企業転出後，企業役員として内部監査室の統括や人事・総務管理室参事などを担当。ＢＳＣコンソーシアム公認ＢＳＣコンサルタントに招聘される。経営行動科学学会理事　兼　東日本研究部会長，（株）アシスト顧問，各社顧問も務めた。2006年7月1日の管理会計学会において，世界初でＢＳＣを用いた収益戦略とリスク管理の一元管理手法であるＳＲＢスコアカードを発表。米国でも論文審査に通過して掲載される。不正検査・監査等の専門資格である公認不正検査士（ＣＦＥ）を取得し，監査法人の代表社員をはじめ，公認会計士や内部統制の講師・コンサルタントを指導する講師としても登壇。東京を中心に全国で年間120講演・研修に加え，コンサルティング，執筆活動も行う。岡山大学大学院の非常勤講師として内部統制・リスク管理の教鞭も執っている。ＮＨＫ「クローズアップ現代」のＴＶ出演・番組制作指導・監修や，ＮＨＫの世直しバラエティー番組「カンゴロンゴ」（宋文州さん，平幹二郎さんなどご出演）の番組制作協力なども行う。ＢＳ朝日・サンテレビ・日経ＣＮＢＣ「賢者の選択」に注目のコンサルタントとしてＴＶ出演。現在，日本マネジメント総合研究所理事長，日本ＥＲＭ経営協会会長，岡山大学大学院非常勤講師，内部統制・コンプライアンス推進協会顧問，（社）日本取締役協会会員，組織学会正会員，経営行動科学学会正会員，産業・組織心理学会正会員，（株）メイツ　エグゼクティブ・アドバイザー，ＮＰＯ全国社外取締役ネットワーク正会員などを務め，産学共に活動中。米国連邦航空局自家用パイロット，第一級小型船舶操縦士等の資格も取得。日経産業新聞にて日本の人気講師ランキングトップ3位に北野大さん（ビートたけしのお兄さん）と並びランクイン。（社）看護協会における認定看護師セカンドレベルコースの講師や，(社)かながわ福祉サービス振興会の福祉介護におけるコンプライアンスの講師も務めている。指導先は上場最大手企業から中堅中小企業，金融機関，医療機関，農協，介護施設，労働組合など幅広く担当。

筆者へのご連絡先：
　日本マネジメント総合研究所（ＪＭＲＩ）
　146-0094　東京都大田区東矢口２－16－18クレストＵビル302
　　　　　電話：03－3750－8722　ファックス：050－1402－5157
　　　　　電子メール：info@jmri.jp　HP: http://www.jmri.jp

著者との契約により検印省略

平成22年2月10日 初版発行

# 経営偽装
## ―不祥事対策への警鐘を鳴らす20の視座―

| | |
|---|---|
| 著　者 | 戸　村　智　憲 |
| 発行者 | 大　坪　嘉　春 |
| 印刷所 | 税経印刷株式会社 |
| 製本所 | 株式会社　三森製本所 |

発行所　東京都新宿区下落合2丁目5番13号　株式会社 税務経理協会
郵便番号 161-0033　振替 00190-2-187408　電話(03)3953-3301(編集部)
FAX(03)3565-3391　(03)3953-3325(営業部)
URL http://www.zeikei.co.jp/
乱丁・落丁の場合はお取替えいたします。

© 戸村智憲 2010　　　　　　　　　　Printed in Japan

本書を無断で複写複製（コピー）することは，著作権法上の例外を除き，禁じられています。本書をコピーされる場合は，事前に日本複写権センター（JRRC）の許諾を受けてください。
JRRC(http://www.jrrc.or.jp　eメール：info@jrrc.or.jp　電話:03-3401-2382)

ISBN978-4-419-05426-7　C3034